CUANDO EL MILAGRO LLEGA LENTAMENTE

CUANDO EL MILAGRO LLEGA LENTAMENTE

Beatriz Benestad

Ellel Ministries USA

Copyright © 2014 Beate Benestad
Originally published under the title: Når underet kommer langsomt by Lunde Forlag,Oslo ,Norway.
All rights reserved.

Traducción: Sandra Rincones

Los editores tienen como objetivo producir libros que ayuden a extender y construir el reino de Dios. No estamos necesariamente de acuerdo con cada punto de vista expresado por los autores, o con cada interpretación de la Escritura expresada. Esperamos que los lectores hagan su propio juicio a la luz de su comprensión de la Palabra de Dios y en una actitud de amor y compañerismo cristianos.

Todos los derechos reservados. Ninguna parte de esta publicación podrá ser reproducida, almacenada en un sistema de recuperación de datos, o transmitida en cualquier forma o por cualquier medio, sea electrónico, mecánico, fotocopia o cualquier otro, sin el previo permiso escrito de los editores, con la excepción de citas breves o reseñas.

Ellel Ministries USA
1708 English Acres Dr
Lithia, FL 33547
www.ellel.org/usa

ISBN: 9780578319315

Impreso en los Estados Unidos de América

DEBAJO DE UN GUAYACÁN AZUL

Todos saben que amarillo es el color de los guayacanes en flor.
Solo mi guayacán es azul.
Tiene el color de la cúpula del cielo tropical sobre el día ardiente.
Es azul oscuro como el océano profundo, donde siete diferentes tonos de azul borran todos los sonidos de la superficie.
Es azul como el luto solitario de las oscuras horas de la noche.
Es azul como la alegría brillante de estar viva.

Contenido

PRÓLOGO DE LA AUTORA 9
1 SUEÑOS 13
2 RECUERDOS DE LA PRIMERA INFANCIA 17
3 PERROS DE JUGUETE, CORTINAS DE CIRCO Y MI INFANCIA EN EL HOSPITAL 25
4 LA HIJA DE JAIRO 33
5 ESPACIO PARA RESPIRAR 37
6 PUNTOS DE LUZ 41
7 UN ENCUENTRO IMPORTANTE Y UN VERDADERO MILAGRO 47
8 LA LLAMADA DE UNA DOCTORA 51
9 EN EL VALLE OSCURO 57
10 PÉRDIDAS 61
11 CUANDO LO QUE ESTÁ CONGELADO SE DERRITE – SOLUCIONES DE DIOS 65
12 PRIMAVERA 69
13 LA LLAMADA 73
14 ENCUENTROS 77
15 VIVIR 81
16 PIERREPONT 85
17 PEÑAS BLANCAS 91
18 DECISIÓN 97
19 EL TESTIMONIO DE LOS MOSQUITOS Y LAS BALDOSAS FRÍAS 101

20 EL AGUIJÓN DE LA MUERTE	105
21 UN SACRIFICIO	109
22 LA CARRERA DE MI VIDA	113
23 EN VERDES PASTOS JUNTO A AGUAS TRANQUILAS	117
24 PINTAR CON PALABRAS Y COLORES	121
25 ESTAR EN AGUAS PROFUNDAS	123
26 DESPEDIDA	127
27 POSTLUDIO	131
EPÍLOGO	135
QUERIDA BEA	137
EL PERDÓN	139

Prólogo de la autora

Cómo Dios puede usar a una persona pequeña en una situación imposible

Es el 1 de enero de 2014, el primer día de un nuevo año que se me presenta con páginas vacías en blanco e infinitas posibilidades. Estoy en Colombia en Suramérica. Aquí es donde he vivido durante casi doce años. Como médica misionera en silla de ruedas, he tenido que adaptarme a una vida completamente diferente a la que, un país próspero como Noruega, ofrece a personas en mi situación.

Comenzar a escribir un libro sobre cómo sucedió todo es como iniciar una excavación arqueológica. En primer lugar, hay mucha suciedad que debe desenterrarse y eliminarse. Luego, a medida que los simples objetos se vuelven visibles, deben desempolvarse, limpiarse y clasificarse. Los fragmentos de objetos que parecen tener poco valor pueden ser las claves para una comprensión más profunda. Otras cosas se dejan de lado, ya sea porque carecen de significado o porque son demasiado frágiles o difíciles de manejar.

     Poco a poco se va desarrollando una historia. Una historia sobre el pasado, sobre las personas que intervinieron y sobre lo incomprensible. Para mí, esta historia trata sobre pequeños comienzos y grandes visiones. Es un relato de cómo Dios puede usar a una persona pequeña en una situación imposible. La Biblia dice que nada es imposible para Dios. ¡Yo lo creo! Me carga cuando soy incapaz de dar un paso más. Me consuela cuando el llanto me rodea en noches interminables sin descanso. Y se deleita en mi gozo. Él es mi padre. Él es mi amigo. ¡Él es mi todo!

    Este libro está dedicado a todos aquellos que luchan en los días difíciles, todos esos héroes cotidianos que nunca son elogiados, entre ellos Irene, Hedwig y Berit, que fueron a estar con el Señor antes de tiempo. Este libro trata sobre la vida que se vive cuando el milagro NO llega a la deriva en un caluroso día de verano. Se trata de una caminata tomada de la mano del Señor de la Vida, cuando el andar de la vida, es en sí mismo, el milagro.

    Mi agradecimiento a Peter y Fiona Horrobin, fundadores y líderes de Ellel Ministries International. Gracias por darme confianza y por creer en todos los proyectos que se fueron iniciando a lo largo de los años. También agradezco a Dag Gundersen Storla, amigo, colega y autor, por su inquebrantable fe en este proyecto, y por abrir las puertas necesarias. Además, estoy inmensamente agradecida con Jostein H. Sandsmark en Lunde Forlag por asumir el trabajo de transformar mi manuscrito en el libro que tiene en sus manos. Gracias por su gran amabilidad, paciencia y mucho ánimo en el proceso. Un agradecimiento especial para Rosalinde Joosten de Holanda, quien descubrió cómo las letras noruegas entran en un computador colombiano. También quiero agradecer a todos y cada uno de los que me han dejado participar en su experiencia de vida, tanto las buenas como las dolorosas. Todos hemos experimentado cómo se abren los pasos a medida que avanzamos.

    Teniendo en cuenta la privacidad y la seguridad en Colombia, he optado por dar nombres ficticios a algunas personas y lugares.

    Sobre todo, mi más profundo agradecimiento para mi Padre Celestial, quien vio posibilidades donde nadie creía en un camino por delante. De su mano nació este libro.

¡Por eso todo el honor es para él! Yo misma soy solo una escriba que ha tomado algunas notas sobre las ideas de cómo Dios planeó todo y cómo sucedió.

Que usted, que tiene este libro en sus manos, sea ricamente bendecido en su propio trayecto de vida al leer sobre mis días debajo de un guayacán azul y el sendero que me llevó allí.

Beatriz Benestad

1

Sueños

Es muy temprano por la mañana. La nieve cae silenciosamente sobre las ramas desnudas de abedul negro fuera de mi ventana. La penumbra tiene un suave gris claro, lo que indica la proximidad de un nuevo día. Es la temporada oscura, a finales de diciembre. Un día frío se inclina contra la ventana de afuera.

Abro mis ojos lentamente. Todavía puedo sentir el toque del viento cálido contra mis mejillas y el calor vibrante en la sombra debajo del árbol alto y extraño. Todavía escucho las risas de los niños a lo lejos. Con bastante lentitud estoy saliendo de mi sueño.

Es la segunda noche consecutiva con sueños. Anoche soñé que estaba sentada junto a la ventana de un avión mirando hacia un paisaje de montañas altas. Algunas de las montañas estaban cubiertas de nieve. Todo estaba coloreado de un tono amarillo rosado que me hizo pensar en atardeceres. En el sueño, estaba hablando con entusiasmo con una persona sonriente que estaba parada frente a mí. Estaba señalando el paisaje mientras volamos por encima de él, como si me fuera familiar. Juntos miramos expectantes las montañas.

Ambos sueños fueron de vivos colores. Además, me dieron la sensación de que estaban relacionados con lugares y situaciones reales.

Mi vida diaria es todo, menos un sueño. Tengo diecisiete años y me encuentro en la casa de mi infancia en la isla Hadsel, en el norte de Noruega. En la vida real, nunca he estado fuera de las fronteras de Noruega. Los únicos aviones en los que he viajado son pequeños hidroaviones. Me graduaré de la escuela secundaria el próximo verano. Después de eso, el plan es realizar una serie de procedimientos quirúrgicos en Revma, el hospital de la Fundación Noruega de Saneamiento para el Reumatismo, en Oslo. Allí recibiré caderas "nuevas". Tengo artritis juvenil, y ahora las deformidades y el dolor se aliviarán con los últimos logros nacionales en cirugía ortopédica. Después de eso tengo planes para estudiar medicina.

Soy una cristiana nacida de nuevo. En la Biblia he leído sobre José y sus extraños sueños que estaban relacionados con un futuro lejano. ¿Mis sueños nocturnos también son visiones sobre algo que puede suceder en algún momento? ¿Algo que va a pasar? ¿Algo que está planeado de acuerdo con el propósito de Dios?

A lo largo de los próximos veintisiete años, estos sueños se repetirán muchas veces. Cada vez noto y recuerdo más y más detalles de los sueños. Por ejemplo, que los niños del segundo sueño están jugando con dos pelotas, una roja y una verde, y que los niños tienen rasgos faciales que indican que tienen síndrome de Down. Detrás de ellos veo casas blancas. El árbol debajo del cual estoy parada tiene ramas delgadas que se extienden en diferentes direcciones y un dosel de hojas pequeñas. Me recuerda a un paraguas sin tela.

Los sueños son siempre los mismos. Cada vez que se repiten, es como si se acercaran. La primera vez, vi los paisajes como en una pantalla de cine. Finalmente, no soy solo una espectadora, sino que veo las imágenes con mis propios ojos. Después de unos años, ya no dudo que tienen que ver conmigo, con mi vida y con mi propio futuro. Es algo importante que Dios ha planeado para mí.

Cuando contemplo tus cielos,
obra de tus dedos,
la luna y las estrellas que allí fijaste,
me pregunto:
«¿Qué es el hombre, para que en él pienses?
¿Qué es el ser humano, para que lo tomes en cuenta?»
Sal. 8: 3–4

2

Recuerdos de la primera infancia

Todavía recuerdo el día en que llegó la primera piña. La tía Tutti, que era asistente de vuelo, trajo este exótico tesoro a casa. Durante muchas semanas estuvo madurando en el alféizar de la ventana, mientras nosotros, los niños, lo contemplábamos con reverente respeto. ¡Nunca antes habíamos visto algo tan perfecto! El globo redondo, de olor dulce y amarillo con pequeñas espinas y un pequeño árbol verde en la copa: ¡era una maravilla!

Cuando llegó el momento de atacar la piña, la experiencia fue casi demasiado emocionante. ¡El sabor fue increíble! Dulce, picante y desconocido. Sin embargo, la larga maduración había dañado la fruta en lugar de mejorarla, por lo que solo una pequeña parte era comestible. Aun así, se convirtió en un anticipo celestial de los sabores tropicales del futuro. El helado que congelamos en la pila de nieve fuera de la ventana de la cocina no se podía comparar con nuestra especial piña.

Crecí en la Noruega de la posguerra. Incluso a finales de la década de 1950 todavía faltaban varias cosas. Cuando era niña, era común tener escasez de ciertos alimentos en el norte de Noruega.

Luego estaba nuestra ropa. Los suéteres de lana hechos en casa, gruesos y que picaban no eran muy populares. Sin embargo, era necesario tener ropa gruesa en el frío invierno. "Luggene" era un calzado tan necesario. Eran como calcetines largos y gruesos, con capas de fieltro de lana cosidas como suelas. En el invierno seco y frío funcionaban bien como botas.

El invierno era una época maravillosa. Mi hermano Rolf Kristian y yo jugábamos en los bancos de nieve. Hacíamos linternas de nieve con pequeñas bolas de nieve, y por la noche encendíamos velas en las linternas. Entonces mirábamos con orgullo nuestras creaciones. Otras veces nos tumbábamos de espaldas en la nieve y hacíamos "ángeles" moviendo los brazos y las piernas hacia los lados. Mi hermano se volvió muy bueno en el esquí. Yo tuve más cuidado, pero disfruté mucho en el trineo, el tobogán y mi propio trineo de patadas. Uno de mis mejores recuerdos de esta época es un paseo en trineo con mi padre, Håkon.

En el norte de Noruega, la temporada oscura dura muchos meses de invierno y las auroras boreales pueden bailar a través del cielo oscuro como cortinas translúcidas y multicolores colgadas por una mano grande. Papá y yo salíamos en la silla de trineo, que tenía afilados cuchillos, y nos deslizamos hacia la oscura noche de invierno, a veces iluminados solamente por las estrellas y el reflejo de la nieve blanca, otras veces también con las auroras boreales cruzando el cielo. Papá a menudo se detenía para señalarme las constelaciones de estrellas: el Arado, la Osa Menor y la Osa Mayor, las Pléyades y el Cinturón de Orión. Me contaba acerca de las leyendas que estaban unidas a las diferentes estrellas, y estas se convirtieron en pequeñas amigas parpadeantes arriba. Me encantaban estos viajes al aire libre en el frío del invierno, escuchando a mi papá narrarme y explicarme, mientras estaba sentado en el trineo. Todavía hoy disfruto de las estrellas. Me dicen mucho sobre la grandeza y el plan de Dios, tanto en entornos grandes como pequeños.

Fui bendecida con un buen padre. Esto me dio una base vital para poder encontrar fe en Dios como mi Padre celestial más adelante en la vida. Un buen padre que se preocupa por mí. Quien pacientemente se toma el tiempo para explicarme todo lo que no entiendo. Quien me da tiempo para pensar y procesar lo que no entiendo. Quien no me deja sola. Su mano me sostiene con firmeza cuando la vida es como un viaje a través de largas y frías noches de invierno bajo un oscuro cielo nocturno sin estrellas.

Mi padre se graduó en economía y administración de empresas en Dinamarca y vino a trabajar a Stokmarknes, donde conoció y se casó con mi madre, Reidun. Después de la celebración de la boda, mamá y él se quedaron en la casa de infancia de mamá, junto con mi abuela. Nací en esta familia multigeneracional, como la mayor de dos hermanos.

La casa de mi infancia era una casa grande y vieja de madera en las alturas sobre Stokmarknes, la ciudad más al norte de la isla. El camino de grava que llevaba a la casa tenía una hilera de abetos a un lado. Frente a la casa había un gran álamo. En la última nevada pasajera de abril, el azafrán azul intenso y los azafranes amarillos, blancos y morados compitieron por atención, y durante varios de los luminosos meses de verano, la pared del sótano estuvo cubierta de flores de lúpulo. En los pocos días cálidos de verano que teníamos, el jardín estaba perfumado con la delicada fragancia de los viejos rosales rosados y blancos de Alba. Las lilas tuvieron su corta floración a finales de junio, con abundantes flores blancas y azules.

Mi madre era un pozo de creatividad. Ella había creado una fantástica jardinera de flores junto a la puerta de nuestro sótano, que estaba repleta de pequeñas campanillas blancas y copos de nieve. Detrás de la casa había arbustos de grosellas rojas, grosellas negras, frambuesas y grosellas. Además, cultivamos guisantes, lechuga, rábano, patatas y ruibarbo. Felicidad era tomar una huevera llena de azúcar, mojando el tallo de ruibarbo en el azúcar y masticando con diminutos dientes de leche. Durante las largas tardes de otoño, secábamos coloridas hojas otoñales de arce y álamo temblón, y secábamos pequeños racimos de frutos secos.

También recogíamos pajitas para las tarjetas de Navidad multicolores que hacíamos en diciembre, dando alegría a amigos y familiares. En mi infancia casi todo se hacía y se compraba muy poco.

Mi madre tenía un pequeño campo de avena que vigilaba atentamente. El grano se utilizó como gavillas para las aves durante los fríos meses de invierno. Cada otoño, papá levantaba nuevas casas para pájaros para estorninos y mosqueros y limpiaba las viejas. Grandes bandadas de camachuelos, cochinillas bohemias y grandes tetas nos llegaban durante el invierno. El gran serbal, con sus abundantes racimos de bayas enrojecidas sobre ramas desnudas y negras, proporcionaba alimento al enjambre alado. También colgamos bolsas de red con una mezcla de manteca, cereales y nueces para nuestros pequeños helados amigos de plumas.

En ese tiempo, había un largo camino entre Vesterålen y Kristiansand. Si íbamos a viajar allí, siempre tenía que ser para una estancia más larga. Así que se convirtió en una tradición anual pasar un mes de verano en el sur de Noruega con la familia de mi padre. Papá podía volver a casa de su oficina un viernes por la tarde y anunciar que mañana era hora de partir. Esto convirtió a mi madre en campeona mundial de empaque rápido de maletas.

Pertenecíamos a una familia numerosa. Para nosotros, los pequeños norteños, fue una gran experiencia venir al sur de Noruega y a la cabaña de Åros, hacer paseos en bote en Blindleia, vadear en las orillas de los ríos arenosos o simplemente estar vivos, jugar y divertirnos, a través de días de ocio con todos nuestros primos. Una de mis tías tenía un libro con historias de muchos países diferentes, y en ese libro estaba la historia de un niño pequeño que experimentó una terrible tormenta de lluvia, pero que tenía un gran paraguas con colores llamativos. El dibujo que ilustraba esa historia se fijó en mi joven mente. La historia vino de un país llamado Colombia.

También recuerdo la emoción de estar sentada en el regazo de mi abuelo cuando abría su reloj de oro. Tenía dos tapas pequeñas que hacían el sonido de un pop cuando se abrían. El reloj de bolsillo generalmente estaba bien escondido dentro del bolsillo de su chaleco, debajo de su chaqueta. No obstante, a nosotros, sus nietos, nos permitían turnarnos para abrir el reloj. Fue muy emocionante echar un vistazo al interior del diminuto mecanismo de relojería que movía las minúsculas manecillas de este tesoro de reloj de bolsillo. Los relojes del abuelo eran en general realmente emocionantes. En nuestra cabaña también había un reloj suizo, genuino, de cucú. Colgaba en lo alto de la pared, lejos del alcance de las manos de los niños pequeños y eso probablemente era algo bueno. Al medio día, cuando el reloj se acercaba a las doce, había una gran multitud frente a la maravilla. Qué milagro era cuando la puertecita de madera se abría, y el pájaro tallado salía y decía "cucú, cucú", no menos de doce veces. ¡Qué placer era ser una niña con tanta alegría y entusiasmo en estas pequeñas cosas!

Desde pequeña, mi interés se centró en comprender diferentes relaciones, ya fuera el movimiento silencioso de las estrellas o el color azulado de la vejiga natatoria de los peces. ¡Todo era de interés! Mis por qué eran muchos. A veces estuvo cerca de terminar en desastre, como un día de invierno cuando me paré en el borde del muelle y consideré saltar al mar para ver más de cerca a los erizos y las estrellas de mar en el fondo, veinte metros abajo. Antes de que tuviera éxito en poner en práctica mi idea, me salvaron y rápidamente me llevaron al edificio de oficinas cercano. Mi padre trabajaba ahí como jefe de finanzas de una de las compañías de barcos expresos de la costa de Noruega. Dentro del edificio, podía estudiar modelos de barcos pequeños con mucha más seguridad. Estos barcos, que se exhibían en cajas separadas, navegaban silenciosamente por largos pasillos, lejos de los peligros del mar. Sin embargo, el sueño de un día sumergirme en las profundidades del mar nunca me abandonó.

Nuestros vecinos más cercanos durante la infancia también eran buenos amigos de nuestra familia, con ellos, y el perro Sheepy, íbamos de excursión. Sheepy era una criatura encantadora. Amable como el día es largo, ella aceptaba casi todo lo que se nos ocurriera a mi hermano y a mí. Bailaba el vals con mi hermano y aceptaba que le hicieran coletas en las orejas. Siempre que podía recoger una golosina, estaba allí de inmediato con su nariz larga. En verano, cuando el tiempo lo permitía, íbamos a la playa. ¡Y qué grupo éramos! Nuestros vecinos, mis padres y mi abuela, además de un perro y nosotros dos hijos. La comida y las pelotas de playa estaban abarrotadas en el viejo Saab de nuestro vecino; sólo más tarde tuvimos nuestro propio "Blue buck", un escarabajo Volkswagen de los buenos y antiguos. Cualquier consideración de que la temperatura del Océano Ártico podría ser un problema estaba lejos de nuestros pensamientos de niños. Simplemente nos encantaba chapotear en las aguas poco profundas de ese mar cristalino que nunca se calentaba más de diez o quince grados.

"Ya hemos disfrutado la mejor parte del día", decía papá, mientras la niebla del mar a primera hora de la tarde bajaba arrastrándose por las hendiduras de las montañas como dedos húmedos.

Sin embargo, en los viajes de pesca, la niebla y la lluvia no eran un obstáculo. Los dos miembros masculinos de nuestra familia eran pescadores aficionados, muy apasionados, que obtuvieron un montón de peces carbonizándose y truchas del Ártico para muchas deliciosas cenas dominicales.

En los fríos días de otoño, cuando la tormenta arreciaba y el mar golpeaba contra la escarpada costa, podía ver cormoranes sentados en tierra, estirando sus alas para secarlas. Los cormoranes me asustaban un poco. Sus plumas negras y sus gritos roncos alimentaban imágenes espeluznantes en mi mente. Me recordaban cuentos oscuros de princesas encantadas con piel de pájaro y barcos que se hundían en noches de tormenta.

Mi imaginación estaba bien alimentada por los cuentos de hadas que mamá nos contaba a mi hermano y a mí, todos los domingos. Después del almuerzo encontrábamos nuestro puesto acostados uno a cada lado de mi madre, en la cama de mis padres; dos oyentes pequeños y expectantes, que estaban prestando mucha atención. Los cuentos de hadas de Asbjørnsen y Moe eran como un postre digerido con gran placer. Y las historias de H.C. Andersen también eran populares.

Afortunadamente, había muchas otras aves, además de los cormoranes, que atrajeron mi interés. Una mañana nos despertó un golpe frenético en una de las ventanas del sótano. Resultó ser una gaviota que quería nuestra atención. Después de golpear la ventana, y de esta manera indicar que quería comida, salió corriendo al pasto y miró ansiosamente hacia la ventana de la cocina. Muy pronto fue recompensada con costras de pan, trozos de queso viejo y otras delicias. Esta gaviota se llamó Kalle. Después de unos años consiguió esposa, y las personas que venían a visitarnos debían ser advertidas del "bombardeo" de las gaviotas, que desde arriba hacían con alta precisión. Cada verano había un gran alboroto cuando sus crías nacían en el nido que habían construido en la jardinera de flores debajo de la ventana de nuestra sala de estar. Era asombroso ver de cerca cómo las pequeñas gaviotas se abrían paso entre los huevos moteados de color marrón azulado. No recibían ayuda de sus padres, sino que tuvieron que hacerlo todo por su cuenta. Esto las hizo fuertes y bien equipadas para enfrentar los muchos desafíos que ofrecía la vida en los cortos veranos de Nordland.

Este recuerdo de la infancia a menudo me ha sido útil. Especialmente cuando he conocido a personas que necesitan tiempo para encontrar sus propias soluciones, sin mi ayuda ni la de otros, que intenten dirigirlas.

Pero para mí también hubo otros recuerdos de la infancia. No se trataba solo de diversión invernal y veranos calurosos. Muy pronto, una realidad completamente diferente se convertiría en parte de mi vida cotidiana.

3

Perros de juguete, cortinas de circo y mi infancia en el hospital

Cuando las lilas florecen en junio, siempre pienso en el pequeño jardín del hospital de enfermedades reumáticas de Oslo. Originalmente fue un jardín del claustro perteneciente a la iglesia El viejo Aker. El jardín estaba bien protegido bajo la copa del castaño gigante en la esquina. Este espacio en Akersbakken estaba rodeado de muros bajos y rejas de hierro forjado, bordeadas por abundantes setos de lilas moradas. También había algunos juegos para niños y bancos de madera donde la gente podía sentarse y divertirse en los días cálidos.

Pasé mucho tiempo en el jardín, especialmente cuando mamá tenía que irse a casa y me dejaban sola en el hospital. En el hospital no se toleraba que los niños lloraran. Ni siquiera se le permitía llorar a una niña pequeña de cuatro años que tenía miedo y estaba sola. Ya había aprendido a tragarme las lágrimas. En aquellos tiempos el consenso general era que "los niños grandes y buenos no lloran", y para mí y los otros pacientes jóvenes, era importante estar en buenos términos con las enfermeras. Por eso, cuando necesitaba llorar, prefería esconderme en uno de los baños del sótano del hospital donde nadie podía encontrarme. La primera semana después de que mi mamá regresó a casa, fue especialmente dolorosa. ¡Extrañaba tanto mi casa! Todavía recuerdo cómo conté cuidadosamente las baldosas azul verdoso de las paredes del baño mientras los peores sollozos mermaban. Mis problemas comenzaron con la vacuna contra la viruela. Me dio una gran reacción inmunológica cuando tenía un año. La fiebre, por las nubes, provocó la inflamación de las rodillas y los dedos, y pronto provocó rigidez en los tobillos y las muñecas. Estaban considerando si mi diagnóstico era la artritis infantil. Me admitieron en el hospital local para observación y luego me trasladaron a Oslo al hospital especializado en enfermedades reumáticas. En ese momento se creía que lo mejor para los niños hospitalizados era no tener ningún contacto con sus padres, ya que los pequeños solían llorar cuando su madre o su padre los dejaba. No estaba permitido que los padres permanecieran en el hospital junto con su hijo, y las visitas desde el hogar debían ser escasas y espaciadas. Tampoco hubo apoyo financiero para permitir a los padres ausentarse del trabajo para poder estar con su hija enferma. Para mí, que venía del norte de Noruega, esto significó muchas y largas separaciones de mi familia. De esta manera me convertí en una niña desarraigada, sin pertenecer a ningún lado, sin amigos cercanos y (con el tiempo) sin escolarización regular. Incluso mi dialecto norteño desapareció en el camino.

  La artritis infantil era un concepto prácticamente desconocido en esos momentos. Soporté que mis brazos y piernas fueran colocados en férulas de yeso, y esto hizo que quedara postrada en cama durante semanas. Aguanté, sin quejarme. Tenía mucho dolor, pero sin embargo era una niña paciente.

  "Beate rara vez se queja, pero llora mucho", se escribió en una nota del hospital de esta época.

  Cuando mi mamá vino una vez a llevarme a casa después de una estadía de varios meses en el hospital, comentó que las enfermeras de la unidad del hospital parecían muy amables.

Mi respuesta fue tomar su mano suavemente y decirle en voz baja: "¡Ayuda que estés aquí!" Esas palabras rompieron el corazón de mi mamá. Quizás pudo sentir algo de todas las cosas que sucedieron de las que nadie debía saber nada.

Mi mejor amigo en el hospital era un perrito de cuerda. Tenía un suave pelaje negro y una cinta roja alrededor del cuello. Durante horas se paseaba de un lado a otro sobre las sábanas de mi cama mientras yo estaba acostada en mi cama de hospital. Cuando pasaba un adulto, mi perrito de juguete a veces llegaba a vagar por el suelo. ¡Me encantaba este pequeño juguete! Era suave de sostener y me hacía compañía cuando no había nadie más para consolarme.

Durante un tiempo de ministración de oración muchos años después, Dios usó el recuerdo de este pequeño juguete. Durante todos los largos años en el hospital, una profunda soledad se había arraigado en mí. Pero Dios ahora me dio una imagen mental que me sanó de esta soledad. En la imagen vi a Jesús sentado en el suelo, dándole cuerda a mi perro de juguete y sonriéndome. De esta manera me mostró que no estaba sola.

Durante mi infancia, las hospitalizaciones fueron una gran parte de mi realidad. Cuando cumplí diez años, fui la primera niña noruega a la que se le ofreció cirugía reconstructiva.

La mayoría de las articulaciones de mi cuerpo habían sido atacadas y las dislocaciones eran numerosas y extensas, pero ahora intentarían corregirlas con cirugía. De manera lenta pero segura, se planificaron y llevaron a cabo una serie de operaciones. Con breves intervalos, me estaban tratando las rodillas, los tobillos y los pies. Más tarde, las muñecas, los codos y las caderas estaban en la lista.

Junto al balcón que daba al jardín del hospital había un solárium que se utilizaba como una especie de unidad de cuidados intensivos. Después de la cirugía, permanecía allí durante muchas noches con un inmenso dolor postoperatorio. Delante de las grandes puertas de cristal del salón había cortinas para niños. Tenían dibujos de carros de circo, payasos y leones en jaulas. Los leones marinos con bolas de colores mantuvieron sus actuaciones silenciosas e inmóviles en mi imaginación. En las cortinas también había un director de circo que tenía un vago parecido con el médico jefe.

El dolor fue duro para mí. ¡El duro trato físico para enseñarme a caminar una y otra vez, nunca terminaba! Durante las cortas estancias que tuve en casa, todas las mañanas hice ejercicios físicos en la mesa del comedor para mantener la movilidad de todas mis articulaciones. Además, tenía que tomar baños calientes con agujas de pino dos veces por semana. Los baños fueron una buena experiencia. Mi mamá se sentaba en el taburete del baño y me hacía compañía cantando e inventando cuentos para mí, acompañada de la luz que irradiaba del horno de cobre en la esquina.

Ni siquiera el dolor y la soledad pudieron derrumbar la profunda alegría que siempre ha sido parte de mí. Podía regocijarme de ver una mariquita trepando por la ventana del hospital. Siempre que tenía una cama junto a la ventana, dormía con las cortinas abiertas para disfrutar del amanecer o del hermoso cielo estrellado en una noche despejada. La ventana también se dejaba, preferiblemente un poco abierta, para que pudiera escuchar el canto de los pájaros temprano en la mañana. Las ardillas que subían y bajaban del castaño con sus conversaciones fueron un gran placer para mí. Además, hubo salidas de fin de semana y visitas de mi tía, mi tío y mis dos primos. A lo largo de los años, se convirtieron en mi segundo núcleo familiar. Eran cristianos y todos los días oraban para que Dios me sanara.

Pero una mañana, cuando yo acababa de cumplir tres años, el menor de ellos, mi primo de cuatro, dijo: "¡No creo que Dios quiera que oremos para que Beate sea sanada!"

La tía y el tío parecían bastante sorprendidos por lo que acababa de decir, e instantáneamente comenzaron a corregirlo. Pero se detuvieron cuando escucharon el razonamiento del entusiasta intercesor de cuatro años: "¡Creo que Dios quiere que oremos para que Él llegue a significar algo especial para Beate!"

¡Y así fue! No dejaron de orar para que me sanara, pero en sus oraciones incluyeron una petición de que Dios ya no fuera un extraño para mí. Nueve años después, esta oración fue respondida.

En esto llegó un hombre llamado Jairo, que era un jefe de la sinagoga. Arrojándose a los pies de Jesús, le suplicaba que fuera a su casa, porque su única hija, de unos doce años, se estaba muriendo. Jesús se puso en camino y las multitudes lo apretujaban. Había entre la gente una mujer que hacía doce años que padecía de hemorragias, sin que nadie pudiera sanarla. Ella se le acercó por detrás y le tocó el borde del manto, y al instante cesó su hemorragia.

—¿Quién me ha tocado? —preguntó Jesús.

Como todos negaban haberlo tocado, Pedro le dijo:

—Maestro, son multitudes las que te aprietan y te oprimen.

—No, alguien me ha tocado —replicó Jesús—; yo sé que de mí ha salido poder.

La mujer, al ver que no podía pasar inadvertida, se acercó temblando y se arrojó a sus pies. En presencia de toda la gente, contó por qué lo había tocado y cómo había sido sanada al instante.

—Hija, tu fe te ha sanado —le dijo Jesús—. Vete en paz.

Todavía estaba hablando Jesús cuando alguien llegó de la casa de Jairo, jefe de la sinagoga, para decirle:

—Tu hija ha muerto. No molestes más al Maestro.

Al oír esto, Jesús le dijo a Jairo: —No tengas miedo; cree nada más, y ella será sanada.

Cuando llegó a la casa de Jairo, no dejó que nadie entrara con él, excepto Pedro, Juan y Jacobo, y el padre y la madre de la niña.

Todos estaban llorando, muy afligidos por ella. —Dejen de llorar —les dijo Jesús—. No está muerta, sino dormida.

Entonces ellos empezaron a burlarse de él porque sabían que estaba muerta. Pero él la tomó de la mano y le dijo: —¡Niña, levántate! Recobró la vida y al instante se levantó. Jesús mandó darle de comer. Los padres se quedaron atónitos, pero él les advirtió que no contaran a nadie lo que había sucedido.

Lucas 8: 41-56 (NVI)

4

La hija de Jairo

Odiaba los "espectáculos de ganado". Eran un dolor y una plaga para todos los pacientes. Estas llamadas exhibiciones de ganado se llevaron a cabo en el auditorio del Hospital Reumático. Allí hacían que me desnudara rápidamente. Manos ocupadas me levantaban en un taburete, y de esta manera quedaban a la vista mis articulaciones hinchadas y mis rodillas deformadas. Ansiosa, desnuda y congelada, me quedaba de pie para la exhibición pública. A lo largo de los años, innumerables estudiantes de medicina desfilaron frente a mí. ¡Tocaron, apretaron y examinaron todo! Nada era privado. La mayoría de las veces me permitían quedarme con unas braguitas pequeñas, pero no siempre. Me quedé con una dolorosa sensación de ser diferente, un objeto sin valor. Entre otras cosas, el resultado fue que perdí mi timidez natural.

Había cumplido doce años. Las operaciones recurrentes seguidas de intenso dolor, largas estadías en el hospital y la separación de mi familia comenzaban a pasar factura. Acababa de terminar mi hospitalización continua más larga hasta ahora; duró poco más de dieciocho meses. Los planes para mi futuro estaban llenos de innumerables intervenciones quirúrgicas. Durante pocos años ya había pasado por más de treinta intervenciones quirúrgicas para la artritis, y eso era solo el principio.

El año pasado había recibido visitas frecuentes de Anne Marie, una creyente bien intencionada, que cada semana oraba por mí. Ella me había dado un Nuevo Testamento pequeño, rojo, encuadernado en cuero que también contenía el Libro de los Salmos. Apenas lo había ojeado, sin entender gran parte de las palabras extranjeras que contenía. Además, tenía una Biblia vieja.

A los doce años decidí poner fin a mi vida. Ya entonces, era muy meticulosa y calculadora en todo lo que hacía. Escondía sistemáticamente los analgésicos y las pastillas antiinflamatorias que me dieron en el hospital. Mi intuición me decía que, si tomaba todas las pastillas a la vez, no tendría que despertarme para más operaciones. Es un hecho triste que incluso los niños se suicidan. Yo misma estaba tan exhausta en cuerpo y mente que no podía soportar la anticipación de más sufrimiento. Desde entonces he sabido que los medicamentos que había elegido como medio para suicidarme son muy mortales en dosis altas, especialmente para una niña pequeña. Una noche saqué mi reserva secreta de pastillas.

Por alguna razón, la vieja Biblia se había quedado en la mesita de noche. Cuando mi mirada se posó en ella, una oración se formó dentro de mí: "¡Si existes, Dios, necesitas mostrármelo ahora! ¡Solo tienes esta oportunidad!"

Agarré la Biblia y la abrí al azar. Mis ojos se fijaron en el texto de Lucas 8. Se trataba de una niña que también tenía doce años y que acaba de morir. Jesús había sido llamado y, junto con sus tres discípulos elegidos y los padres de la niña, entraron en la habitación donde habían puesto el cadáver. Yo seguía acostada ahí y leí estas palabras sobre Jesús y la hija de Jairo:

"*Pero él la tomó de la mano y le dijo: —¡Niña, levántate!*

Recobró la vida y al instante se levantó. Jesús mandó darle de comer."

Fascinada, miro las palabras. ¡Debe ser una coincidencia! Un escalofrío recorre mi ser interior. Ojeo la Biblia de nuevo. Esta vez Isaías 45 está abierto delante de mí:

"Marcharé al frente de ti, y allanaré las montañas; haré pedazos las puertas de bronce y cortaré los cerrojos de hierro.

Te daré los tesoros de las tinieblas, y las riquezas guardadas en lugares secretos, para que sepas que yo soy el Señor, el Dios de Israel, que te llama por tu nombre.[1]*"*

"Para que sepas que yo soy el Señor, el Dios de Israel, que te llama por tu nombre."

Una presencia poderosa llena mi habitación y una luz brillante me envuelve. Cierro los ojos a la luz, pero todavía puedo ver la poderosa figura que está de pie frente a mí. Tiene una túnica blanca y un cinturón de oro. Sus pies son de color bronce y su cabello es largo, blanco y parece lana rizada. Sus ojos brillan como fuego. En una mano sostiene un candelabro. Baja lentamente hacia mí, se para a mi lado y me pone la otra mano en la cabeza.

¡Ya no tengo ninguna duda de que Dios existe! Estoy llena de un profundo silencio y asombro. Ahí pongo el resto de mi pequeña vida en las manos de Dios. La muerte ya no es una opción para mí.

---

[1] Isaiah 45: 2-3

A la mañana siguiente, tiro todas las pastillas. También le escribo a mi primo y le cuento lo que ha pasado. Él responde inmediatamente enviándome un plan de lectura de la Biblia para adolescentes. A partir de ese momento, "la Llave de la Biblia" será mi compañera durante muchos años. A la edad de doce años, todavía no conozco el contenido de la Biblia, pero luego me doy cuenta de que la persona que vino a encontrarme allí en el umbral de la muerte era el mismo Cristo, como se describe en Apocalipsis.

En el Evangelio de Lucas, en la historia de la hija de Jairo, se menciona a una mujer que había estado sangrando durante muchos años. Mi espíritu humano estaba a punto de desangrarse hasta morir debido al continuo sangrado invisible durante la mayor parte de mis primeros doce años. Pero, como la mujer que fue sanada al tocar a Jesús, fui salvada para una nueva vida cuando el Señor de la Vida me tocó. La vida que me espera no será nada fácil. Pero ahora sé que Dios quiere que viva y que caminará conmigo durante los años difíciles. Me ha prometido darme "tesoros escondidos en lugares oscuros". ¡Esa es una promesa que se cumplirá muchas veces! Más tarde puedo experimentar cómo él abre el camino a través de dificultades imposibles. ¡Donde voy, una y otra vez se abre un camino delante de mí!

5

Espacio para respirar

Cuando tenía quince años se decidió que me daría un descanso de todas las largas estancias en el hospital. Feliz y contenta me embarco en tres años de escuela secundaria en mi ciudad natal. Durante este tiempo también fui confirmada en la iglesia. Las innumerables y prolongadas estancias hospitalarias había hecho imposible que me confirmaran en el tiempo habitual.

Recibo buenas notas en la escuela, aunque termino con un déficit en mi lengua materna. Así que después de mi graduación estudio matemáticas, física y biología por un año adicional. Después de esto, podré comenzar mis estudios de medicina en Oslo. Ahora me han operado las dos caderas y me han insertado articulaciones artificiales. Puedo caminar normalmente por primera vez en muchos años, completamente sin dolor, ni restricción. ¡La alegría por este milagro es grande!

El verano antes de que comiencen mis estudios, visito *Revma* nuevamente. Esta vez, uno de mis dedos gordos que se fija debajo del otro necesita un ajuste. Es un procedimiento pequeño que requiere solo unas pocas semanas de hospitalización. Sin embargo, el dolor es excepcionalmente grande y después del combate me siento cansada. Como he hecho tantas veces en *Revma*, paso tiempo en la capilla del hospital. Es una habitación pequeña y hermosa en una zona tranquila en el interior del hospital, lejos del clamor de la gente. A menudo llevo conmigo una rosa o lilas en flor del jardín y las coloco en un pequeño jarrón de plata sobre el altar.

Una noche, mientras estaba sentada en el silencio de la capilla, nuevamente Dios me habla: "Te daré unas vacaciones que nunca olvidarás, pero te costarán lágrimas". ¿Qué puede significar esto? No tengo planes de vacaciones, por el contrario, estoy a punto de comenzar los estudios en la universidad. Y lo que me dice de las lágrimas no suena muy alegre.

Durante los casi ocho años que han pasado desde mi primer encuentro con el Señor, he aprendido esto: ¡Cuando Dios habla, hay que escuchar! También sé que él solo quiere lo mejor para mí. La Biblia dice que Dios recoge todas nuestras lágrimas en una botella [2], y ahora comprendo intuitivamente que algo importante está por suceder. No tengo idea de qué es, pero agradezco a Dios por su gran bondad hacia mí. Luego, pongo todo mi ser en sus poderosas manos por todo lo que pueda suceder. Mientras estoy ahí sentada, me invade un silencioso asombro.

Dos días después recibo la visita del trabajador social del departamento. Encuentra un asiento cómodo junto a mi cama, donde estoy acostada con el pie operado sobre varias almohadas grandes. El trabajador social me sonríe. Luego procede a decirme que he sido elegida como uno de dos pacientes para recibir una estancia gratuita en las Islas Canarias. La Cruz Roja de Oslo tiene un centro de vacaciones en Lanzarote, Casas Heddy (la casa de Heddy), y aquí es donde me han preparado un lugar. Hasta entonces, nunca había estado fuera de las fronteras de Noruega. Ahora, con las palabras de la noche en la capilla aún resonando en mis oídos, me pregunto qué me puede esperar en esa tierra extranjera. Ciertamente no tengo ninguna duda de que estas son las vacaciones de las que Dios me ha hablado.

---

[2] Salmo 56: 8 "has juntado todas mis lágrimas en tu frasco" (NTV).

A principios de agosto, el gran avión del norte aterriza en la isla canaria bajo el tembloroso calor del mediodía. En campos negros cubiertos de rocas volcánicas, manos ansiosas están en proceso de recolección de uvas. Detrás de las cercas de piedra semicirculares, rostros sonrientes se asoman por debajo de los sombreros de paja y los pañuelos oscuros. Muchos saludan. Por todas partes, hay casas bajas y blancas, rodeadas por líneas de arbustos verdes con miles de hibiscos rojos en flor. El aire es notablemente seco y cálido. Veo palmeras altas en el horizonte. Ante todo esto, tengo una extraña sensación de pertenecer aquí.

En la casa de Heddy hay muchas habitaciones bien adaptadas para personas con movilidad reducida. Durante las semanas de verano que estaré aquí, el centro está habitado por jóvenes discapacitados y sus asistentes de otras Islas Canarias. Aquí tendrán lugar muchos encuentros importantes y emocionantes. Un joven que habla francés con fluidez me da mis primeras lecciones de español. Aprendí francés en la escuela secundaria y este idioma ahora se convierte en un puente para aprender español. Disfruto de días maravillosos a la sombra del susurro de las palmeras. Se organizan excursiones a montañas volcánicas y cuevas profundas. Uno de los destinos es la pequeña isla de Graciosa, al norte de Lanzarote. El turismo de masas aún no se ha apoderado de Graciosa, por lo que la única forma de llegar es en un pequeño barco pesquero. El barco se abre camino y avanza a través de las aguas turbulentas en el estrecho corto pero salvaje hacia la isla. También hay una fuerte corriente aquí. Para bajar a tierra, tenemos que pararnos en la borda y ser levantados por las muñecas, justo cuando la embarcación está en la cresta de una ola, de modo que la borda llega a la altura del muelle. Las rodillas y los codos están raspados más que suficiente, pero a pesar de mi piel dolida, no hubiera querido perderme esta experiencia. Es tan salvaje aquí. Las playas de arena son enormes y solitarias, el mar es azul celeste y las gaviotas se sumergen en el mar. A lo lejos, los acantilados de Lanzarote yacen como un marco oscuro detrás de esta imagen veraniega. ¡Dios, definitivamente, me ha dado unas vacaciones que no olvidaré! Todavía pasarán algunos años antes de que entienda cómo entrarán en juego las lágrimas que se anunciaron.

Cuando las vacaciones llegaron a su fin, me preguntaron si consideraría regresar el verano siguiente como voluntaria. La respuesta fue dada sin dudarlo. Durante muchos veranos volveré a Casas Heddy. Más adelante también me familiarizaré con las otras Islas Canarias y entablaré muchas amistades cercanas con la gente de aquí. Uno de estos amigos es Rafa, con quien trabajo como voluntaria.

De vuelta en Noruega, mis días están llenos de estudios. Son años interesantes, pero exigentes. Los desafíos hacen cola. ¿Cómo puedo, por ejemplo, llegar a la sala de autopsias del cuarto piso del Instituto Anatómico? La solución se encuentra en utilizar el llamado ascensor de la morgue. ¡Afortunadamente me siento muy viva!

Un respiro espiritual durante este tiempo lo proporcionan las actividades con Guds fred (La paz de Dios) en Oslo. Este es un grupo que ofrece noches bíblicas, conversaciones y bienestar social en las calles. Una vez al mes se llevan a cabo noches de música góspel en la gran Iglesia de la Santísima Trinidad en el centro de la ciudad. Rápidamente me involucro en el trabajo entre refugiados e inmigrantes de habla hispana. Muchos de ellos luchan con la nueva y, en muchos sentidos, frígida vida cotidiana noruega. No soy consciente de esto entonces, pero tanto los veranos en Lanzarote, donde aprendo español entre otras cosas, como el trabajo cristiano entre los refugiados del sur, me darán una base valiosa para los años posteriores en América del Sur.

6

Puntos de luz

¡Realmente disfruto mi tiempo como estudiante de medicina! Los años pasan volando y soy capaz de seguir el ritmo. Solo el último año resulta diferente. Debido a que una de las caderas insertadas se afloja, me veo obligada a tomar un descanso prolongado de los estudios. Con un fémur roto, termino en la cama durante varios meses. Mi dolor es grande. Mis amigos estudiantes, afortunadamente, no me han olvidado y vienen regularmente de visita. Aparecen en bandadas, ocasionalmente con batas médicas blancas, otras veces como amigos con ropa normal. Las enfermeras no saben muy bien cómo lidiar con esta creciente multitud de visitantes que se presentan a todas horas. Algunos de los que me visitan están haciendo sus prácticas en el hospital y no pueden ser despedidos fácilmente.

Desafortunadamente, surgen complicaciones en la cadera y tengo que pasar por varios procedimientos quirúrgicos, ¡nuevamente! ¿Nunca terminará? Las preguntas que surgen dentro de mi alma cansada son muchas y dolorosas.

Como suele ocurrir en el hospital, es difícil encontrar un lugar donde pueda estar sola. Elijo el baño, que está casi vacío durante el día. Una mañana derramo mi corazón en oración: "¡Señor, ayúdame a encontrar un significado en todas estas cosas difíciles que suceden!"

Cuando de nuevo, salgo al pasillo, escucho un fuerte grito ahogado en una de las habitaciones vecinas. Grete yace tendida en la cama. Durante muchos años Grete y yo pertenecimos a la misma comunidad cristiana, pero ahora no nos hemos visto en años. Sin embargo, cuando pasé por la puerta abierta de su habitación, me reconoció.

Su vida está en ruinas. Como yo, Grete está pasando por una crisis. Ha sido golpeada duramente por un despiadado ataque de artritis, y el efecto secundario de la medicación que debe tomar le ha provocado hasta veintidós fracturas de columna. Posteriormente, algunas almas bien intencionadas la han llevado a un "servicio de sanidad". Es llevada a la iglesia en una camilla, pero en lugar de recibir compasión, se encuentra con acusaciones de que ha pecado. Estos pecados, según los pastores, han provocado la grave enfermedad de Grete. Y por si fuera poco, su marido quiere divorciarse de ella. Al parecer, no puede manejar más enfermedades y ha encontrado una nueva y saludable mujer.

Grete está completamente destrozada en cuerpo y alma. Las lágrimas fluyen lentamente por sus mejillas hundidas. Esta mañana había orado desesperadamente a un Dios en el que ya casi no cree: "¡Dios, si existes, te pido que me mandes a Beate! Ella también tiene artritis, pero a pesar de la enfermedad cree en ti. Necesito compartir mi dolor con alguien que pueda entenderme. Dios, si me das este milagro, creeré en ti".

Tal vez no fue tan sorprendente que Grete dejara escapar un grito cuando me vio pasar en el pasillo.

Juntas lloramos y oramos para que Dios intervenga en la vida de Grete. Sé, por mí misma, lo difícil que es aguantar y continuar cuando todo es negro y no se ve ni una sola estrella en el cielo interior.

Cuando Grete y yo nos volvemos a encontrar, ambas hemos recibido respuestas a nuestras oraciones. Dios me ha mostrado un significado en medio de todo lo que no tiene sentido. Es suficiente. Esto se convierte en un testimonio poderoso y, en muchos sentidos, un punto de inflexión para ambas. Nos permite saber que Dios ve, que se preocupa y que ningún obstáculo es demasiado difícil de superar para él. Lentamente, Grete y yo avanzamos en nuestras vidas diarias. Los tiempos que nos esperan no siempre serán fáciles de afrontar, pero Dios nunca está distante de nosotras, y de todos aquellos que nos hemos refugiado en el poderoso Dios de Israel.

Grete después de un tiempo recuperará su buena salud. Para mí, a veces será bastante diferente.

Ser un bulbo en las manos de Dios

Estoy sentada junto a la ventana. El jardín afuera de la ventana del hospital está cubierto con un manto de hojas. Los árboles extienden sus ramas desnudas y negras hacia el pálido cielo de noviembre. Las ramas son como manos retorcidas ahogando un grito a voz en cuello, un grito congelado.

El disco resplandeciente del sol está a punto de desaparecer bajo el horizonte. Ha terminado un día corto y un rubor emergente en el cielo occidental borra lentamente el último resplandor del día en el frío crepúsculo.

Es otoño. En poco tiempo, las hojas marchitas estarán cubiertas por una gruesa capa de nieve. Todo se callará. Sin vida. Como muerto.

Pero hace solo unos días planté bulbos de primavera en el jardín. Son como pequeños bultos grises y mudos. Parece que no tienen vida ni color. Son como pequeños inútiles e insignificantes que se han metido profundamente en la tierra oscura, como si Dios y las personas los hubieran olvidado.

Pero entonces, un día de primavera, esos pequeños bulbos míos se transformarán en hermosas flores. Con una seguridad innata, asoman la cabeza por encima del suelo, a menudo mientras la nieve todavía se amontona. ¡Saben que se acerca la primavera! Un manantial lleno de luz, vida y colores. Fueron creados para formar parte de ella.

A veces me siento como un bulbo, tan pequeña, enterrada y olvidada en una oscuridad que parece infinita y que lo abarca todo. Pero debido a que creo que ninguna oscuridad es demasiado oscura para ser iluminada por la presencia protectora de Dios, y que ninguna oscuridad es demasiado oscura para que nuestro Señor la use para servir a sus propósitos, ¡tengo esperanza! Mi hibernación va acompañada de la seguridad de que algún día llegará *la primavera. Porque es precisamente en esto que Dios muestra su amor. Deja que el aparente proceso de muerte en la oscuridad se convierta en la fuente de una nueva alegría. De una nueva vida. De una existencia completamente nueva y colorida que surge de las ruinas de la oscuridad otoñal y del frío invernal. En los bulbos pequeños, como en mí, el Señor ha puesto atributos y posibilidades que no pueden crecer ni cobrar vida a menos que se viva un tiempo de silencio en la más profunda oscuridad. Dios permite que sus criaturas vivan los tiempos del otoño y del invierno no para quebrantarlas o atormentarlas, sino para perfeccionar su obra.*

Puedo imaginar los pequeños bulbos en el suelo como niños durmiendo confiadamente, rodeados de manos seguras y cariñosas. ¡Dios verdaderamente vela por sus pequeños! Como ellos, viviré mis propias tormentas otoñales y mis sueños invernales mientras espero, con esperanza en mi corazón, el cumplimiento de las grandes promesas de Dios.

Es fácil olvidar que, si no existiera la oscuridad, no podría regocijarme en la luz.

Ese crepúsculo de noviembre me muestra que la fuerza y el poder de los rayos del sol pueden cesar por una noche. ¡Pero seguro que volverán, otra vez con los cálidos y optimistas rayos del sol de la mañana que harán huir las sombras de la noche!

¡Señor, concédeme el valor para dejar que la espera silenciosa y optimista del bulbo sea mía! ¡Escóndeme en tus manos, Señor, mientras afuera arden las tormentas invernales de mi vida! ¡Canta a mi corazón sobre la primavera que sabes que vendrá! Amén.

7

Un encuentro importante y un verdadero milagro

Como médica recién titulada, tengo la suerte de pasar todas mis prácticas en Bærum (cerca de Oslo, la capital de Noruega). Por lo tanto, me ahorro las dificultades de una mudanza. El centro de salud en el que empiezo a trabajar tiene la responsabilidad 24 horas al día de atender a los pacientes del Aeropuerto Internacional de Fornebu, que está cerca. Después de un tiempo, la policía se entera que este centro tiene una doctora que habla español, algo que utilizan en varias ocasiones.

Un día llegan dos policías enormes arrastrando con ellos a una joven delgada de cabello oscuro. Cuando se deja caer en la silla frente a mi escritorio, obviamente está aterrorizada. No todos nuestros nuevos ciudadanos llegan a Noruega con la experiencia de que se puede confiar en los policías.

Afuera hace frío en el invierno noruego y está nevando. La mujer mira hacia el cristal helado sin comprender. No tiene pasaporte ni otros documentos que puedan decir quién es. Sin embargo, la policía tiene la impresión de que habla español. Ahora ella está sentada frente a mí, temblando. Los ojos que se encuentran con los míos son grandes y asustados. Ella no entiende una sola palabra de noruego o inglés.

Me presento en español. En el mismo idioma, también prometo que nada de lo que ella me diga será usado en su contra. Además, le digo que no la arrestarán. Cuando la policía la trajo aquí al centro de salud, es porque han entendido que necesita ayuda.

Cuando escucha su lengua materna, comienza a llorar. Ella está temblando con sollozos ahogados, que finalmente disminuyen ligeramente. Las citas que tengo para el resto del día están canceladas. La mujer frente a mí obtiene el tiempo que tanto necesita.

Resulta que es una refugiada de un país de América Latina. Su marido ha sido ejecutado. Ella misma ha sido torturada hasta que abortó y perdió a su único hijo. En su país de origen era maestra, y ella y su esposo eran miembros del sindicato, que estaba prohibido. Después de intensos interrogatorios, fue liberada y finalmente logró huir del país. Todos sus ahorros se gastaron en el vuelo. Después de que ella escapó, escuchó que sus ancianos padres también iban a ser interrogados.

A través de fragmentos de palabras y frases en español, vislumbro una existencia extraña y aterradora. La historia continúa, ahora lidiando con lo que sucede mientras cruza hacia el país vecino. Allí la mujer es acogida por una organización internacional de ayuda humanitaria. Y después de unos largos meses ha terminado aquí en Noruega, este país invernal en el extremo norte.

Es una mujer desamparada y asustada con considerables heridas externas e internas. Solamente con lentitud es capaz de adaptarse a una sociedad nueva y extranjera. Como muchos de los que han venido aquí, nunca se establecerá del todo en nuestra sociedad. El anhelo de lo que fue, siempre permanece. En Noruega aguarda una vida segura, pero en muchos sentidos solitaria.

La historia de esta mujer no es única. Muchas historias de refugiados y de personas que buscan asilo se le parecen. Sin embargo, esta mujer y su destino es mi primer encuentro con la helada crueldad de la humanidad. Más adelante en la vida, cuando la violencia de otro país se haya cruzado en mi camino, a menudo recordaré este encuentro que nunca he olvidado del todo.

*

Un día durante mi pasantía como médico, de repente comencé a toser. Tengo fiebre y después de un tiempo mi piel se vuelve intensamente amarilla. Mi peso cae en espiral y me siento cada vez más mareada. Finalmente, no puedo mantenerme de pie, y mucho menos trabajar. Soy admitida para un examen más detallado. Se determina que tengo anemia hemolítica. Los anticuerpos se unen a los glóbulos rojos, que luego se destruyen rápidamente. La médula ósea trata de compensar produciendo un número cada vez mayor de glóbulos rojos, pero finalmente colapsa debido a la violenta sobreproducción.

Es un hermoso día de otoño, cuando el médico jefe viene a verme. En palabras claras me dice que ya es demasiado tarde para mí. Todo lo que se puede hacer, se ha hecho. Lo único que puede salvar mi vida ahora es un milagro. En un lenguaje sencillo, me explica que ha llegado el momento en que debo prepararme para morir. Me dicen que el hospital, con mucho gusto, me ayudará a ponerme en contacto con un sacerdote.

El pastor luterano Torgeir Havgar viene a visitarme desde la iglesia El viejo Aker. Su hijo y su familia son buenos amigos míos, y ha escuchado el rumor de que algo anda mal. Ya estoy tan débil que no puedo hablar con claridad. Algo tan simple como girar en la cama me produce terribles palpitaciones. Duermo casi todo el día.

Al día siguiente, que es un sábado, la señora Havgar viene a recogerme. Logran sentarme medio desmayada en una silla de ruedas, me empujan a través de la calle hacia la vieja iglesia medieval. Siempre es bueno venir aquí. Me siento como uno de los muchos que me han precedido. Ahora, el decano está vestido con todas sus galas y se ha colocado detrás del antiguo altar. ¡Esto se hará correctamente! Incluso ha escrito su propia liturgia para la ocasión.

Juntos, los tres, celebramos la comunión en la iglesia grande y silenciosa. Luego el decano reza por mí y me unge con aceite.

¿Está afligido alguno entre ustedes? Que ore. ¿Está alguno de buen ánimo? Que cante alabanzas. ¿Está enfermo alguno de ustedes? Haga llamar a los ancianos de la iglesia para que oren por él y lo unjan con aceite en el nombre del Señor. La oración de fe sanará al enfermo y el Señor lo levantará. Y, si ha pecado, su pecado se le perdonará [3].

Con palabras sencillas, el pastor Havgar entrega mi vida en las manos de Dios y ora para que el Señor de la Vida me toque. Personalmente estoy exhausta, pero al mismo tiempo llena de una profunda paz.

Al día siguiente una de las enfermeras señala que tengo las mejillas sonrojadas. Al día siguiente, que es lunes, mis pruebas de sangre muestran que el valor de hemoglobina ha subido un veinte por ciento desde la última prueba del viernes. Cinco días después, mis niveles en sangre aumentaron en un sesenta por ciento. El pastor Havgar está tan asombrado como yo. Incluso el más incrédulo del personal médico tiene dificultades para explicar este milagro físicamente probado. Para mí no hay duda: Dios realmente ha hecho un milagro.

Este milagro no fue lento, sino muy rápido. Me llena de un asombro santo y un tranquilo gozo durante mucho tiempo. Unas semanas más tarde, estoy de regreso en el trabajo a tiempo completo.

---

[3] Santiago 5: 13-15

8

La llamada de una doctora

Como nueva médica, visito varios campos médicos hasta encontrar la que se convertirá en mi especialidad. Primero, obtengo experiencia en campos tan diversos como la oftalmología (enfermedades de los ojos) y la investigación del dolor. Pero es en la psiquiatría de adultos donde encontraré finalmente mi lugar.

Llego a esta especialidad después de unos años de investigación sobre el dolor. A través de mi profesión, he estado en Islandia y Australia, Estados Unidos y Dinamarca. He aprendido lecciones importantes sobre como los niños comunican el dolor. Se completa un proyecto de investigación y se publica mi primer artículo académico. Al mismo tiempo, me dedico a la consejería cristiana y recibo enseñanza a través de *Helhet gjennom Kristus* (Ministerio Victorioso a través de Cristo). Esto me brinda una valiosa experiencia tanto en Noruega como en Suecia.

Entonces, un día llego al final de mi turno en el Hospital Psiquiátrico Prestesæter en Toten. No planeo trabajar aquí por mucho tiempo, porque mis asesores en *Rikshospitalet* (el hospital nacional) en Oslo quieren que me una a un nuevo y amplio proyecto de investigación. Sin embargo, esto no sucederá. Disfruto mucho mi trabajo en la sección 1B de Prestesæter, y mi jefe se frota las manos y proclama en voz alta que logrará reclutarme para la psiquiatría de adultos. Se saldrá con la suya, pero luego interviene un "jefe" completamente diferente. Sucede en una noche oscura de invierno.

Como médico de guardia, he visitado la unidad de emergencia psiquiátrica en relación con una admisión. Mientras conduzco de regreso al apartamento donde vivo, veo un pequeño grupo de personas que caminan frente a mí en la carretera. Es un grupo de pacientes con una enfermera, están dando un paseo al aire libre en la fría noche. Uno de los pacientes se vuelve y mira hacia mi coche. Yo sé quien es, es un hombre bruto que a veces puede ser violento. Sin embargo, esta noche sus ojos están llenos de incertidumbre. A la luz del coche, todo lo que veo es un niño pequeño y asustado. Los ojos grandes y asustados me hacen pensar en un animal perseguido por cazadores.

Nunca olvidaré lo que sucede después. Estoy sola en el coche cuando escucho al Señor hacerme una pregunta simple:

"Beate, ¿puedes dejar a estos mis pequeños?"

Los que caminan frente a mí no son exactamente pequeños, algunos de ellos miden más de seis pies de altura, pero entiendo lo que Dios me está diciendo. Detrás de su exterior duro se esconde una personalidad con uno o más elementos vulnerables, piezas que parecen tan pequeñas, como si pertenecieran a un niño. Muchos de ellos se sienten bastante solos, tal vez rechazados por familiares y amigos.

Esta noche dedico mi vida a servir a Dios como psiquiatra para adultos y como consejera para personas con el alma destrozada. Así es como comienzo un viaje que resultará muy exigente y me costará todo. Entiendo que Dios ama infinitamente a estas personas y siente un profundo dolor por su gran sufrimiento. También me doy cuenta de que él quiere que yo esté allí para él, como sus manos, oídos, ojos y boca frente a este enorme sufrimiento.

Viven con un alma que ha sido destrozada en mil pedazos, pero Dios puede, conmigo como una de sus herramientas, conocer a cada individuo y hacer algo con las partes de su vida que está rota. Ninguna persona puede ayudar a toda la gente, y menos yo, pero aunque soy una persona pequeña y físicamente frágil, creo que puedo ayudar a alguien con la ayuda de Dios.

Así es como hago mi entrada real en la psiquiatría de adultos. Pasarán muchos años antes de que un día experimente algo que cambiará mi vida para siempre. Finalmente trabajo como médica jefe en uno de los principales hospitales psiquiátricos de Oslo. Mi consultorio no se encuentra dentro de la unidad y uno de los pacientes que tiene una cita conmigo corre delante de la enfermera. Esta persona también logra empujarme escaleras abajo. Puedo evitar caerme por la larga escalera de concreto, pero el daño físico sigue siendo sustancial. Una prótesis de cadera ha atravesado mi hueso pélvico. Una vez más termino en la tan familiar mesa de operaciones. Muchos en la unidad donde trabajo se convierten en víctimas de lesiones similares e incluso más graves. En tres meses hay cincuenta y siete lesiones personales en mi unidad.

En estos días difíciles recibo el apoyo de mi amigo y colega Jasiu. Es un refugiado que ha llegado a Noruega desde el este. Él logra lo que ningún otro anestesiólogo antes que él ha logrado, asegurarse de que yo tenga casi ningún dolor posoperatorio.

A través de nuestro trabajo de investigación, Jasiu y yo hemos tenido un contacto considerable y hemos llegado a conocernos bien. Durante horas podemos discutir sobre investigación médica, literatura y fe. Jasiu también es cristiano.

Cuando se acerca el día de otra operación programada, a menudo siento miedo. La noche anterior hay ducha, enema y partes del cuerpo que necesitan afeitarse. Durante un momento privado en el baño frío, mi mano acaricia el área que será operada al día siguiente. A partir de mañana, una nueva cicatriz será mía. Una vez más perderé una parte de mí. Cada vez vivo una pérdida.

Al amanecer en la sala de anestesia, Jasiu está a mi lado. Es como una imagen segura y firme de la presencia de Cristo. Oramos juntos, antes de que me inyecte el anestésico en mi mano temblorosa.

"Señor", oro, "da sabiduría a todos los que participan en el procedimiento de hoy. Creo en tu amor por mí y me entrego en tus manos. ¡Ya sea que viva o muera, te pertenezco!"

Hasta ahora he pasado por ciento tres intervenciones quirúrgicas "reumáticas". ¡Siempre me despierto después de la anestesia! He estado a las puertas de la muerte muchas veces, pero siempre vuelvo, arrastrándome, a la vida.

El día después de una operación suele venir a visitarme mi tía Bergliot. Ella está sentada en silencio junto a mi cama mientras ora. A veces lee un versículo de la Biblia, pero ante todo está presente conmigo en mi dolor.

La tía cree que soy como un corcho: aunque estoy hundida en el vaso de agua de la vida, siempre vuelvo a flotar hacia la superficie. Ella puede tener razón. Dios me ha dado un insaciable deseo de vivir que me lleva a través de todo. Puede tomar tiempo y no siempre es fácil, pero siempre me levanto y sigo adelante.

También esta vez. Cuando vuelvo a mi puesto de médico jefe de la unidad, el paciente que me empujó escaleras abajo dice: "¡Imagínese que me quiere tanto que se atreve a volver!".

Quizás sean palabras sin importancia, pero transmiten una verdad profunda. He sufrido graves daños, pero no tengo la idea de renunciar a lo que considero la llamada de mi vida.

Pero luego tengo una nueva lesión. Recientemente ha sido admitido un joven, muy conocido en la unidad. Está alucinando y dice que ve figuras oscuras en las esquinas.

Una voz le dice que debe matarme, porque supuestamente soy peligrosa. Así que intenta estrangularme y me rasguña la piel seriamente. La ayuda llega rápidamente cuando se activa mi alarma de seguridad, pero en cierto modo es demasiado tarde. Tengo heridas sangrantes en mis manos y termino con fiebre alta. Resulta que me he infectado con una sepsis grave de bacterias intestinales que estaba escondida debajo de las uñas de este hombre. Durante los próximos dos años, me hacen pruebas regularmente para detectar una posible infección por VIH o hepatitis C.

La infección se propaga a la cadera recién operada y será imposible de superar. Durante más de dos años, me esfuerzo con antibióticos y operaciones constantes para cerrar el canal que se abre repetidamente entre la articulación de la cadera y la piel, supurando pus. Durante todo este tiempo estoy trabajando a tiempo completo, pero eventualmente debo tirar la toalla y tomar una larga licencia por enfermedad.

Por fin recibo el mensaje de que es necesario retirar la prótesis de cadera y que puede que no sea posible insertar una nueva articulación allí. Lo más probable es que termine en una silla de ruedas.

Lentamente una esperanza se hace añicos: la esperanza de poder caminar con normalidad, de poder correr en la playa bajo un cielo cálido y soleado mientras las olas acarician mis pies descalzos. Mi tristeza no tiene fin.

9

En el valle oscuro

Entonces llega el temido día. Es el 1 de septiembre de 1998 y una vez más me llevan al quirófano. Sé poco de lo que me espera. Esta vez sale mal. Durante la introducción del anestésico tengo espasmos en la laringe y dejo de respirar. Pasan cuatro minutos, mis pulmones están a punto de colapsar, pero con un grito ahogado vuelvo a respirar. El aire rico en oxígeno vuelve a fluir hacia mis pulmones. Pero el daño está hecho. El pulso alto y la presión arterial peligrosamente creciente, en un cuerpo que lucha desesperadamente contra la muerte, provocan un sangrado de la médula espinal. En el momento no me doy cuenta, pero pronto me despertaré, paralizada del cuello para abajo.

Mientras todavía estoy completamente inconsciente, tengo la experiencia de caminar a través de un río de agua verde burbujeante. Ya no hay nada que me impida moverme y mi cuerpo parece casi transparente. Salgo lentamente del agua y llego a la playa, ayudada por almas benevolentes que se me parecen.

Entonces lo veo. Lo reconozco por las marcas de clavos ovaladas en cada una de sus muñecas. Es Jesús. Toma mis manos entre las suyas y dice:

"¡Así que has venido, Beate!"

Una profunda compasión fluye hacia mí.

"Si, Señor. Pero estoy tremendamente cansada ..."

Es como si una corriente de agua invisible fluyera sobre mí. Poco a poco el inquietante cansancio desaparece. Después sigue una larga conversación entre Jesús y yo. Más tarde no recordaré los detalles de esta conversación, pero tengo la sensación de que estamos hablando del futuro allá en la ribera del río, aunque hoy no puedo decirlo con certeza.

Finalmente, Jesús vuelve a mirarme y me pregunta: "¿Quieres quedarte aquí o quieres volver?"

Es como si me hubiera preguntado si quiero helado de fresa o de chocolate. Sé, intuitivamente, que él me ama de la misma manera, ya sea que me quede aquí o vuelva a la vida.

"Si quieres, Señor, regresaré", le dije y comencé a caminar hacia el río verde nuevamente.

Al momento siguiente, me despierto con un dolor insoportable. Estoy paralizada del cuello para abajo y mi cuerpo arde como si miles de planchas de hierro pasaran de un lado a otro sobre mí. Estoy muy mareada y casi no puedo hablar. No tengo fuerzas para moverme y ni siquiera puedo levantar una mano. ¡Entonces lloro y grito que quiero volver con Jesús en la playa!

Las enfermeras vienen corriendo a mi lado. Me dicen que tengo el cuello muy hinchado y que no debo llorar. Si lo hago, puede que me asfixie. Ahora debo ser fuerte, me han dicho. Débilmente, allá en la distancia, noto los ojos tristes de Jasiu. Me doy cuenta de que algo ha ido muy, muy mal.

Durante tres semanas lucho contra la muerte. Pero sobrevivo. Todos mis seres queridos vienen de visita. Casi todos. Solo Rafa está demasiado lejos para venir. Los demás se paran alrededor de mi cama, mirándome impotentes. Con mucho gusto me ayudarían, pero no se puede hacer nada con respecto a mi condición física y médica. Pero muchos oran.

Mis dolores son terribles. Solo lentamente se calmará el tejido nervioso dañado dentro de mí. Mis piernas están escondidas debajo de una especie de jaula para evitar que el edredón toque mi piel y provoque espasmos.

Este es un valle oscuro. Pasé los siguientes once meses boca arriba en una cama de enfermo. Me siento muy sola con todos mis pensamientos difíciles.

No acabará de romper la caña
quebrada,
ni apagará la mecha
que apenas arde.
Con fidelidad hará justicia;
Isaías 42: 3

10

Pérdidas

Como olas en un mar embravecido, el dolor físico me invade. Día y noche. Una y otra vez. No puedo dormir. Solo después de varios meses me he estabilizado lo suficiente como para que me lleven a la piscina del hospital. De la cama, me colocan en un banco de metal y me sumergen en el agua tibia. Se necesitan tres personas para evitar que me dé la vuelta. El enorme dolor y el insomnio han hecho que mi metabolismo enloquezca. Por tanto, todo mi cuerpo se ha hinchado y mi peso ha aumentado 45 kilos. Me siento como un hipopótamo y evito mirarme en el espejo.

    Paralizada del cuello para abajo, descubro que, sin embargo, puedo mover un poco las piernas en la piscina: un paso hoy, dos mañana. Aunque esté paralizada, no significa que haya perdido la sensibilidad. Dos partes diferentes del sistema nervioso controlan el movimiento y la sensación. Todavía tengo muy poca sensibilidad en la piel y no tengo equilibrio. Finalmente puedo moverme un poco, a solas, en el agua tibia sin demasiado dolor. También, lentamente mis manos vuelven a la vida. Bien sostenida por almohadas mientras estoy acostada de espaldas en la cama, puedo atravesar largas noches de vigilia. Un práctico estante para libros también me permite leer.

    Una amiga española, Belinda, acepta capacitarme en gramática española. Ella es una gran bendición ya que se presenta fielmente cada semana con desafíos lingüísticos para mí. Esto es bueno para mí, ya que me ayuda a mantener la fe de que algún día podré levantarme y seguir adelante. Que hay una salida del valle de las oportunidades perdidas. Todavía no he perdido la valentía. Soy como una hormiga que intenta derribar a un elefante, negándome a admitir que no tengo ninguna posibilidad. Rafa llama y quiere venir a visitarme. Ha estado aquí antes, pero esta vez digo que no. No puedo soportar la idea de que él vea en lo que me he convertido. Quiero que me recuerde como era antes. Sin embargo, cometo un terrible error al mantenerlo alejado de mi dolor. Por miedo a perderlo, lo rechazo.

Rafa y yo nos conocimos en Lanzarote, donde trabajamos como voluntarios para grupos de españoles con discapacidad. Trabajamos hombro a hombro desde la mañana hasta la noche. Ambos éramos trabajadores médicos. Rafa es de las Islas Canarias. Disfrutamos mucho de la compañía del otro. En los años siguientes nos mantuvimos en contacto a pesar de la gran distancia entre Noruega y Gran Canaria. Nos reunimos con tanta frecuencia como pudimos y teníamos muchos de los mismos intereses. Largas cartas cruzaban con frecuencia el Atlántico. A lo largo de varios años se había desarrollado una profunda amistad. El plan era completar mi formación en psicoterapia y luego mudarme a Gran Canaria. Ya me habían homologado como psiquiatra y me habían concedido una licencia como médica española. La Asociación Médica local me recibió con los brazos abiertos. Según el plan, completaría un año de formación en un gran hospital psiquiátrico en las afueras de Las Palmas de Gran Canaria, antes de convertirme en médico jefe de una clínica psiquiátrica en una de las pequeñas localidades del norte de Gran Canaria. Incluso había comprado un pequeño apartamento allí, que estaba en proceso de renovación. La vida me sonreía por todos lados, hasta el 1 de septiembre de 1998.

El 1 de septiembre por la noche, mientras estaba acostada en recuperación del posoperatorio, Rafa llama y pregunta cómo ha ido la operación. Esa noche algo se rompe dentro de él también. Siempre ha tenido problemas con las despedidas, y ahora se da cuenta de que mis posibilidades de lograrlo son escasas. La enfermera a cargo de cuidados intensivos le explica que la gran pérdida de sangre, la parálisis y las numerosas fracturas del fémur no auguran nada bueno. Además, la parálisis extensa me produce problemas respiratorios. Poco a poco, Rafa comienza a prepararse para una inevitable despedida. ¡Pobre Rafa! ¡Estaba tan lejos!

Finalmente tengo que decirle que no puedo empezar en el puesto que tengo previsto como psiquiatra en Gran Canaria. Sucede por teléfono. Rafa se queda en completo silencio. Su silencio resuena en el teléfono durante muchos minutos. Una vez más, algo se hace añicos. Cuando puede volver a hablar, su voz tiene un sonido amargo. Su dolor también se ha vuelto demasiado grande.

No es el único en desaparecer. Muchos colegas y amigos de la comunidad académica rara vez o nunca vuelven a contactarme. Parece que he renunciado a ser miembro de todo aquello de lo que era parte recientemente.

Ya no puedo cuidar de mí misma. Durante los años siguientes, una serie de buenas ayudantes, asistentes personales o cuidadoras, marcharán por mi vida. Son buenas personas y la mayoría son hábiles en su trabajo. Esta es sin duda la mejor solución para mí. Esta es la única forma en que puedo seguir viviendo en casa.

Durante un período de transición, visitaré varios centros de rehabilitación en mi país y en el extranjero. Sin embargo, nunca más podré caminar normalmente. Con la ayuda de muletas a la altura de las axilas, a veces puedo caminar unos metros. Eso es todo. De aquí en adelante una silla de ruedas me acompañará por el resto de mis dias.

Las personas que terminan en silla de ruedas pierden algo de sí mismas. De manera sutil, la independencia se ve afectada. De ahora en adelante dependeré de otras personas para hacer incluso las tareas más cotidianas, como cocinar y vestirme. La capacidad de decidir cuándo quiero hacer algo se vuelve limitada. Siempre necesito más ayuda de la que me ofrecen. La silla de ruedas se convierte en una barrera contra la cercanía con otras personas. De todas formas, así es para mí, al principio de mi vida en cuatro ruedas. Las pérdidas son grandes y muchas. No solo he perdido mi capacidad física, sino también gran parte de lo que hasta ahora era mi vida. Nada permanece como estaba. Todas las lágrimas sin llorar se congelan en copos de nieve que descienden lentamente y esconden el paisaje desgarrado de mi corazón. Sin embargo, el dolor se encuentra allí como un glaciar que crece lentamente, distante, intacto y helado.

11

Cuando lo que está congelado se derrite – Soluciones de Dios

Son tiempos difíciles para mí. Hay que volver a aprender todo.

Un día, el cirujano me explica que no es realista creer que alguna vez podré volver a trabajar como psiquiatra. Entonces una presa estalla dentro de mí. Durante tres días me siento en mi silla especial llorando. Un mar de decepción y pérdida llega a la superficie de mi mente exhausta. Y así encuentra su salida, a través de las muchas lágrimas que hasta ahora no se habían derramado. Donde estoy sentada ya no tengo que ser fuerte.

Entonces es cuando viene Jesús. De repente, él está parado a mi lado. Me mira con ojos tiernos y compasivos. Creo que él sabe lo que estoy pensando: si hubiera sabido lo que me esperaba el día en que dije que SÍ volvería a la vida, habría elegido quedarme con él. Ahora me está haciendo otra pregunta:

"Beate, ¿recuerdas lo que hiciste la noche anterior a tu último examen médico?"

¡Por supuesto que lo recuerdo! Después de limpiar mi pupitre en la biblioteca de la universidad de todos mis libros y la taza de té, carpetas y postales, detuve mi auto frente a una iglesia de ladrillos blancos en el centro de Oslo. Encontré la puerta de la iglesia entreabierta y entré. En la pared del tranquilo santuario colgaba un gran crucifijo. Me detuve frente al crucifijo y entregué mi profesión médica a Dios.

Donde estoy sentada ahora, en la silla de ruedas, el Señor vuelve a hablarme: "¡Dame los pedazos rotos de tu profesión médica!"

Estallé en sollozos. Finalmente, no obstante, logro hacer lo que me había pedido. En oración le entrego los pedazos rotos de mi vida. Los obtiene uno por uno: mis expectativas aplastadas, mi futuro como alguien con una pensión por discapacidad, todos los planes y proyectos que nunca sucederán.

Cuando mi llanto finalmente se acaba, me invade una paz profunda e inexplicable. Sé que Dios ha aceptado mi ofrenda.

A los pocos días consigo renunciar a mi puesto de médica jefe y ceder los proyectos de investigación a otros. Luego llamo a España y rechazo la oferta que todavía está abierta para mí, allá. Sé que no podré satisfacer sus necesidades en una silla de ruedas.

Poco a poco, mi incapacidad por enfermedad se convierte en pensión por invalidez. ¡Son tiempos extraños!

Tres meses después recibo una carta de Colombia. Un pastor colombiano y su esposa, a quienes conocí en Portugal hace muchos años, han regresado a Colombia. Los conocí en 1991, mientras visitaba a mi primo y su familia, quienes eran misioneros junto con ellos en Portugal. La ciudad natal de este pastor, Armenia, ha sido devastada por un terremoto masivo que ha matado a miles. Otros han sobrevivido, pero quedaron en la pobreza. Muchos tienen lesiones que les cambian la vida. En su carta me dicen que Dios les ha dicho que Armenia necesita psicólogos y psiquiatras cristianos. Entonces preguntan: ¿Puedo hacer una visita corta?

De repente, es como si un montón de mariposas se soltaran en mi estómago. Una alegría burbujeante me presiona hasta el punto de que empiezo a reír.

¿Qué está pasando?
Estoy completamente desconcertada. ¿Cómo puedo involucrarme con las consecuencias de un terremoto en Colombia, cuando estoy atrapada en una silla de ruedas? Si soy completamente honesta, creo que he lidiado con suficientes "terremotos" en mi propia vida. Lo único que espero ahora es volver a las Islas Canarias y disfrutar de mi nuevo apartamento que estará listo en unos meses. Se ha colocado una rampa entre la sala de estar y la cocina, y se ha movido la puerta de entrada para que pueda entrar con una silla de ruedas. ¡El maestro de obras Manolo y el carpintero Antonio están haciendo un trabajo fantástico con el apartamento! Han pasado dos años desde el difícil día de septiembre en el cual terminó la vida como la conocía. Poco a poco he comenzado a aceptar mi nueva vida. ¡Con la alegre expectativa de una chiquita espero volver a Gran Canaria!

DEBAJO DE UN GUAYACÁN AZUL

Todos saben que amarillo es el color de los guayacanes en flor.
Solo mi guayacán es azul.
Tiene el color de la cúpula del cielo tropical
sobre el día ardiente.
Es azul oscuro como el océano profundo,
donde siete diferentes tonos de azul
borran todos los sonidos de la superficie.
Es azul como el luto solitario de las oscuras horas de la noche.
Es azul como la alegría brillante de estar viva.

Beatriz, antes de su viaje a Colombia.

Junto a su madre en su bautismo, febrero de 1958.

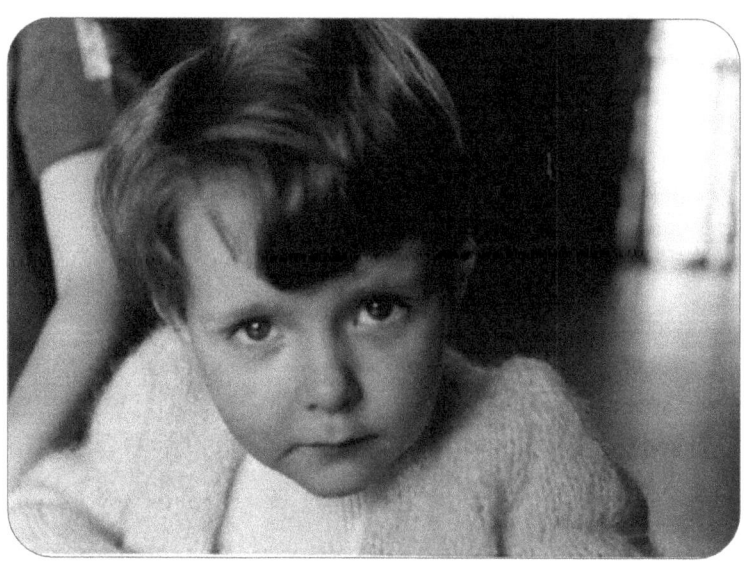
Pequeña y sola en el hospital. 4 años aproximadamente.

Cumpleaños de un niño en el Hospital Reumático. Beatriz está parada en la parte de atrás. Aproximadamente 5 años.

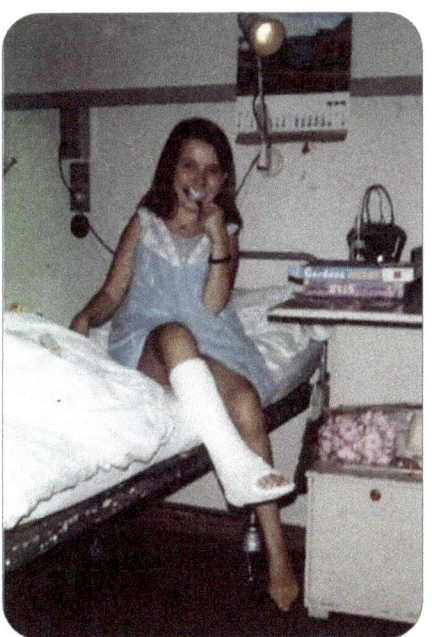

A los 12 años con tobillo recién operado. Tuvo el yeso durante 3 meses.

Beatriz está leyendo su Biblia justo antes de una de sus operaciones en el Hospital Reumático durante la década de 1990, una operación que cambiaría su vida.

Colombia y la ciudad de Armenia se convirtieron en el lugar de trabajo de Beatriz.

Centro de la ciudad de Armenia. Tanto ricos como pobres viven aquí.

Junto a su asistente personal Griselda.

Trabajando como voluntaria en el centro de rehabilitación en Colombia en 2003.

Beatriz enseñando en Colombia.

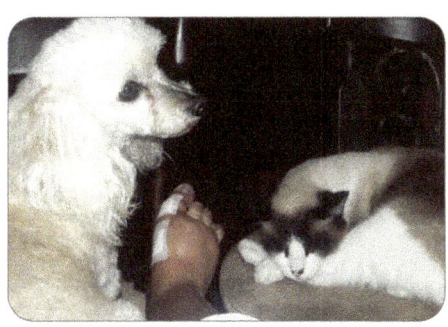

Lucas y Pixi.

El gato Saturnino

Beatriz buceando

El Valle de Cocora

El Caimo, un hermoso lugar para vivir.

12

Primavera

A través del vibrante calor, Gran Canaria aparece muy abajo. Pronto aterrizará el avión.

Mis buenos amigos están ahí con palabras cálidas y abrazos de bienvenida. Mi cuidadora y yo nos alojamos con un vecino mientras se completa la renovación de mi apartamento.

Estamos en plena primavera. Nos dicen que durante el invierno hubo nieve en las montañas. Ahora los almendros están en flor, como un mar de blanco y rosa sobre un fondo verde. Una antigua cruz se erige entre altos pinos. Voy allí para entregar el resto de mi vida a Jesús y dejar ir las cargas que se han vuelto demasiado pesadas de llevar. El viento susurra a través del bosque de pinos y se lleva consigo mis gritos silenciosos. Al pie de la cruz, una amapola solitaria ondea suavemente en el viento.

A veces, cuando comienza el concierto vespertino de las ranas, acompañado del canto de las cigarras, cierro los ojos y recuerdo: las estrellas centelleantes en un cielo nocturno oscuro - una paz profunda - un sentimiento de pertenencia. Eso fue antes de la época de gran dolor. La oscuridad todavía está llena de los roncos cantos de las pardelas mientras vuelan por la noche. Las olas rompen como antes contra los acantilados junto al faro. El sol se hunde en el mar en un esplendor de oro, rosa y turquesa detrás del poderoso pecho del volcán Teide, y la noche se desliza lentamente sobre la isla vecina al oeste. Oleadas de dolor fluyen por mi mente; tan grande y profunda es la copa del dolor.

Muchos años atrás, Rafa y yo estábamos en uno de nuestros muchos viajes dominicales a las montañas centrales de Gran Canaria. Los almendros eran un espectáculo y nos detuvimos a tomar fotografías. Una mujer, que injertaba árboles, nos dio un montón de ramas de almendro en flor. Después del viaje colocamos las ramas en el jarrón en el piso frente al espejo, y durante muchos días la casa se llenó del fresco aroma de los almendros en flor. ¿Una imagen de felicidad? Flores rosas y blancas sobre un fondo oscuro. He vuelto a Gran Canaria y hace unos días el Señor me recordó este paseo. Es como si él quisiera mostrarme que el símbolo del "árbol que espera" ya fue entregado como un regalo.

En primavera, el almendro es el primer árbol en florecer y florece con las ramas desnudas.

"¿Qué ves, Jeremías?" preguntó el Señor.[4]

"Veo una rama de un árbol que espera", responde Jeremías sobre el almendro.

"Has visto correctamente", respondió el Señor. "Estoy atento para ver que se cumplan mis palabras y promesas."[5]

¡El Señor vela por el cumplimiento de su palabra también en mi vida!

---

[4] Jeremías 1: 11-12, versión libre de la autora.
[5] Dios responde con una palabra que suena muy parecido a "almendra" que significa "mirar" en hebreo.

¡Señor!
¡Ten piedad de mí!
Estoy tan cansada.
Tú me conoces,
Sabes todo lo que hay en mí corazón.
Mi anhelo es como las frágiles flores del almendro
Sobre las ramas oscuras de la noche.
¡Creo en tu amor por mí!
¡Ayúdame a esperar, junto a ti,
debajo del almendro!
¡Ayúdame a ser valiente para seguir adelante,
junto a ti!
¡Y cuando la oscuridad me envuelva,
ayúdame a no perder el equilibrio,
sino a confiar en que tú, que caminas conmigo,
conviertes la noche en luz!
Amén.

13

La llamada

Es un día de junio y hace un calor intenso. Estoy sentada en el muelle del puerto. Todavía estoy en Gran Canaria, y los coloridos barcos de pesca están en la playa justo después de recoger las capturas de la noche en nasas de calamar. Uno de los barcos, con el nombre "Beatriz" escrito en la proa, está en tierra. Sonrío porque ese es el nombre con el que me llaman aquí. Beatriz.

Este día es importante. Esta tarde mi apartamento estará listo y Manolo, el constructor, ha prometido traerme las llaves. Finalmente tendré tiempo para mí.

En los últimos meses he comprado poco a poco todos los muebles y equipos necesarios que ya están instalados en el apartamento. Ahora espero ocupar mi propia casa. Un sueño empieza a hacerse realidad.

Luego, con un pito, recibo un mensaje de texto entrante en mi móvil: "¡Llama a Noruega! ¡Colombia ha llamado! ¡Quieren que vayas!"

Medio consciente llamo al número familiar de Tone, la esposa de mi primo. Ella acaba de recibir una llamada de unos pastores de Armenia, Colombia. Me han invitado a asistir a la inauguración de un pequeño nuevo centro de rehabilitación para niños discapacitados.

El centro estará a cargo de personas de la iglesia de la pareja, y se preguntan si puedo ir y ayudarlos a comenzar. Saben que ya no puedo caminar, pero dicen que eso no es un problema. Al contrario, creen que Dios quiere que vaya allá. Estoy llorando, estoy tan confundida. Mi asistente Anne-Mari también está llorando. Me ha acompañado durante los últimos años de horror y sabe lo que significa para mí la oportunidad de tener mi propio "pequeño refugio" en forma de un apartamento en Gran Canaria, a pesar del hecho de que no podré trabajar como estaba previsto. Por muchos años he esperado con ansias este día, con mi propio hogar en la isla. ¿Pero no podré quedarme aquí? ¿De qué se trata esto?

De repente me doy cuenta de lo que me rodea. Estoy sentada frente al monumento erigido en el lugar desde el cual Cristóbal Colón zarpó en 1492, para navegar por el largo camino a través del mar hacia el Nuevo Mundo. De inmediato siento la presencia de Jesús. Esta vez no lo veo, solo sé que él está a mi lado.

"Beate", dice, "¿Ahora qué vas a hacer?"

Poco a poco me doy cuenta de lo que responderé. Viene como un pensamiento claro como el cristal: "¡Si no voy a Colombia, siempre me preguntaré qué habría pasado si hubiera ido!"

Miro el barco de pesca "Beatriz" que yace en tierra junto a mí. Me doy cuenta de que también estoy a punto de tirar la barca de mi vida hasta la orilla, para seguir al Señor hasta Colombia, lejos de la primavera y las flores de las Islas Canarias.

Así es como termino cruzando el Atlántico unos meses después junto con mi asistente personal. Después de una escala en Caracas, Venezuela, el avión asciende a lo largo de altas montañas antes de descender y aterrizar en la capital de Colombia, Bogotá. Estoy sentada junto a la ventana mirando hacia afuera. Algunas de las montañas altas debajo de nosotros están cubiertas de nieve. La puesta de sol tiñe todo el paisaje de un naranja rosado.

¡Pero, estoy segura de que he visto esta imagen antes! De repente reconozco el paisaje soñado que me ha perseguido durante tantos años. Sin embargo, ahora es real. ¡Está aquí, ahora mismo, debajo del avión! Lentamente mis ojos se llenan de lágrimas, esta vez de agradecimiento al Señor, que vela sobre lo que ha dicho. ¡Y para él nada es imposible!

El avión baja para aterrizar. Contemplo las plantaciones amarillas y los campos rojizos, llenos de rosas. Es un espectáculo imponente.

En tierra somos recibidas por personas confiables que simplemente nos desean lo mejor. El aire fino me marea un poco y me duele la cabeza como si tuviera un casco. Tengo un poco de mal de altura, soroche, como lo llaman aquí. Pronto se me permite encontrar descanso entre sábanas de lino blanco almidonado. Un ramo de rosas amarillas y fragantes está parado en la mesita de noche.

Al día siguiente, el viaje continúa hacia Armenia, una ciudad en el corazón de Colombia. En la máquina vibratoria de una avioneta bailamos a través de la turbulencia sobre las cimas altísimas de la Cordillera de los Andes. Cuando el avión aterriza y la puerta se abre, los veo: los extraños árboles a lo largo de la pista. Parecen paraguas desnudos y me sonrío. ¡Por supuesto que están aquí, ellos también, los árboles del otro sueño! Uno de los trabajadores del aeropuerto me dice que los árboles son guayacanes, una variedad de acacia que solo se encuentra en las altas planicies de América Latina. Crecen en terrenos áridos y son increíblemente fuertes. En la antigüedad, esta madera valía más que el oro puro. Ahora hay menos guayacanes, porque las especies de aves que esparcen las semillas del árbol están casi extintas. Cuando se cortan los guayacanes aparece un corazón rojizo en medio del tronco. ¡Todo coincide con mi sueño, hasta el más mínimo detalle! No puedo dudar ni un momento. ¡He venido aquí porque Dios mismo lo quiere! Tiene un plan con mi pequeña vida que se ha hecho añicos. Cuando finalmente me sumerja en el choque cultural, tocando el fondo, será importante para mí recordar este momento.

Para una persona del norte de Noruega como yo, el calor en Armenia es feroz. Cuando salimos de Noruega teníamos una temperatura de veintisiete grados bajo cero y el sonido de la nieve crujiendo bajo nuestros pies y ruedas. ¡En Armenia el termómetro marca treinta y dos grados de calor! La humedad es casi del cien por ciento, así que jadeo por aire y me pregunto si podré sobrevivir aquí. Cuando llueve, y lo hace con frecuencia, es como pararse en una ducha caliente.

Al día siguiente de mi llegada nos dirigimos al nuevo centro de rehabilitación, donde seré voluntaria durante varios años. Todo lo demás de mis sueños de muchos años está ahí: los niños con los ojos torcidos, las casas blancas y los árboles sombreados. Un día lo último también encajará. Ocurre cuando uno de los fisioterapeutas saca dos bolas grandes, una roja y una verde.

14

Encuentros

En el centro recibo mi propia pequeña oficina. La llamamos el taller de mariposas. Es un nombre importante porque habla de cómo todos tenemos la oportunidad de tener una vida transformada, como la larva que un día volará como una mariposa.

Afuera, en la naturaleza, hay enjambres de mariposas. Algunos son tan grandes como una mano, con alas en tonos azul oscuro. Algunas son amarillas o rojas, otras parduscas con manchas beige. ¡Son criaturas magníficas! Muchos de los que piden asesoramiento en el centro son como esas mariposas, aunque a menudo se lesionan. Sometidos a una dura y brutal realidad no son capaces de "levantar las alas" de nuevo.

La mayor parte de mis pacientes son adultos: personas de la iglesia y padres de niños discapacitados. Hablan de su dolor, luego oramos y juntos, tratamos de encontrar un claro en la oscuridad. Realmente no es fácil encontrar algún tipo de significado en lo incomprensible. Estos días son muy exigentes y hacen algo conmigo. Todos los que quieren hablar conmigo llevan consigo un gran trauma. Tienen experiencias brutales con la violencia, la pobreza y el abuso, y su dolor es grande. La mayoría de ellos nunca antes se había atrevido a compartir sus dolorosas experiencias con alguien.

Ser su interlocutor es una gran responsabilidad. A menudo siento que me quedo corta. Me siento muy honrada ante la voluntad de vivir y la gran valentía que demuestran estas personas, y su fe sencilla pero fuerte, en medio de las peores circunstancias posibles. Muchos de ellos simplemente me miran y dicen: "Sabemos que lo entenderá, Doctora".

¿Qué es lo que ven? ¿Mi propia discapacidad? ¿O algo del amor que Dios me ha dado por ellos?

Una madre viene a mí con su dolor y su culpa. Su hijo tiene parálisis cerebral, una enfermedad resultante de un daño cerebral. El centro nervioso de control del movimiento no funciona correctamente, por lo que el niño tiene muchos movimientos involuntarios. Además, no puede hablar con palabras, solo con sonidos. Como no puede caminar, está sentado en una silla de ruedas.

La madre me dice que cuando el niño nació su piel estaba completamente amarilla. Pero era época de lluvias, por lo que no podía salir al sol para "blanquear" la ictericia. Se suponía que debía ser tratado con fototerapia en el hospital, pero costaba cinco dólares (aproximadamente 3 euros) y la familia no podía pagarlo. El resultado final fue que el niño sufrió daño cerebral y quedó con una discapacidad enorme y permanente, ¡porque nadie le dio un tratamiento que costaba cinco dólares!

Otro viene al centro y me cuenta con un estremecimiento sobre su trauma por el terremoto. Después de que él y su hermano almorzaron juntos, caminaban por la calle mientras hablaban. De repente, la tierra comenzó a temblar. Una pared se derrumba y cae sobre el hermano de este hombre. Al momento siguiente, su hermano desaparece y se ve rodeado por un paisaje desconocido. Todas las casas se han derrumbado y no hay letreros ni calles que le indiquen dónde está. Queda completamente desorientado. Peor aún son todos los gritos que escucha de personas atrapadas bajo los escombros. Al principio los gritos se escuchan con claridad, luego un poco más débil, hasta que pasados unos días se desvanecen en el silencio.

"Eso es lo peor", me dice, "haber sobrevivido, ¡pero no haber podido hacer nada para ayudar!"

Una mujer relata cuando ella y su anciano padre están cautivos. Estaban en habitaciones separadas, pero era fácil entender lo que estaba pasando al lado. Su padre fue torturado, mientras que ella fue violada sistemáticamente. Esta mujer escuchó a su padre gritar. Finalmente se hicieron disparos y todo quedó en silencio. Sin poder luego explicar cómo sucedió, pudo escapar. Ella huyó a otra parte del país. Luego se dio cuenta de que estaba embarazada y dio a luz a un niño gravemente discapacitado. Ahora ella está constantemente asustada y luchando con muchas preguntas sin respuesta.

No tengo respuestas. No sé por qué ocurren todas estas cosas malas. Solo puedo estar presente en el dolor y caminar parte del camino junto a cada una de estas "mariposas" gravemente heridas. Lo que puedo hacer es mostrarles que tienen valor. Puedo escuchar lo que tienen que decir. Que obtendrán las horas y los días que necesitan. Que no habrá condena por todas las elecciones que han tomado. Que me preocupo por los que vienen a mí para hablar. ¡Que Dios se preocupa por ellos! Que puedo creer por ellos cuando, ellos mismos, tienen poca fe para creer que algún día en el futuro encontrarán una vida mejor.

¡Señor!

¡Deja que los gritos dentro de mí

sean filtrados por tu amor

para que un día se transformen en alabanza!

¡Señor!

Deja que el dolor dentro de mi

sea envuelto por tu nácar,

en lo profundo,

donde tú ves.

Llévame a través de la noche,

tú que eres la Estrella de la Mañana.

Amén.

15

Vivir

Vivo en el centro de rehabilitación durante mi primer período en Colombia. Es una experiencia extraña, porque justo afuera, día y noche, pasan los remolques en la carretera sobre las montañas con valiosos cargamentos de alimentos y otros bienes. La casa tiembla y yo también.

Luego me mudo al campo. He podido alquilar parte de una casa y mudarme aquí junto con mi nueva asistente, la colombiana Laura. Estamos bien protegidos por cuatro Rottweilers. Si alguien que no pertenece a la casa se acerca demasiado, no se debe jugar con estos perros.

Laura es gordita y baila mientras camina. ¡Su entusiasmo por la vida es genial! Juntas nos sentamos en la terraza temprano en la noche y disfrutamos del canto de las cigarras, mientras las luciérnagas brillan como pequeñas linternas entre las ramas del gran árbol de aguacate.

El dueño de la casa es un señor mayor llamado Laurencio. Le gusta pasar tiempo con Laura y conmigo. Por las tardes viene a hacernos compañía y nos cuenta muchas buenas historias de sus interesantes años como político colombiano. Ahora se ha quedado viudo, sus hijos están muy ocupados y, por tanto, la vida es a veces bastante solitaria para Laurencio.

Nuestro anfitrión es un amante de los animales. Su caballo vaga libremente por el jardín y sirve como cortadora de césped. Laurencio también tiene un loro muy enojado y hablador, con largas plumas rojas y verdes. Se sienta atado a un palo entre dos pilares del techo. Allí murmura enojado mientras se mueve hacia adelante y hacia atrás en el palo. Solo cuando Laurencio se acerca con una pequeña golosina, el pájaro suena afable.

Por la noche tenemos que utilizar mosquiteros. Sin embargo, me siguen picando pequeños mosquitos casi invisibles. Todas las noches, Laura necesita frotar rodajas de limón en mis piernas doloridas. El jugo de limón ayuda a combatir el picor y evita que las picaduras se infecten. Cuando llueve, mi cama también se moja. Una noche incluso me despierto con una cucaracha en la nariz. Pero lo tomo con mucha calma. Después de todo, un misionero debe soportar algunas cosas.

Sin embargo, una noche empiezo a sospechar problemas. ¡Algo se mueve debajo de mis hombros! A la mañana siguiente se investiga el colchón, pero no, no se puede encontrar nada. Continúa así durante semanas. Al final tengo que ser estricta y exigir que me quiten el colchón. Ahí es cuando nos damos cuenta de lo que me ha molestado. Un pequeño ratón está parado sobre dos patas y mirando hacia arriba con brillantes ojos de perla negra. Mamá ratón ha creado un bonito nido para sus muchos niños rebeldes en mi colchón. Debajo de la cama tiene una tienda de comida de moscas, mariposas y otros platos deliciosos.

Mientras vivo aquí, en la casa de Laurencio, Dios comienza a mostrarme la necesidad de procesar algunas de mis propias heridas internas. Cuando me enfrento al gran sufrimiento de los demás, me siento completamente perdida. Muchas veces encuentro un profundo dolor no resuelto que yo misma llevo. ¡Aquí algo debe hacerse!

¿Quién me puede ayudar con esto? He oído hablar de algo que se llama Ministerios Ellel. Están ubicados en Inglaterra. Así es como vuelvo a hacer la maleta para cruzar el Atlántico. Esta vez viajo en la dirección opuesta para estudiar. NETS 12 es un curso de Ellel del que seré parte durante los próximos cinco meses. El curso me transformará por completo. Nunca seré la misma.

16

Pierrepont

Ellel Ministries (Ministerios Ellel) es una organización misionera cristiana no confesional. Su visión es dar la bienvenida a las personas, enseñarles sobre el reino de Dios y ser una herramienta para sanar a quienes lo necesitan. Ellel está representada en muchos países. El centro de formación internacional de la organización, Ellel Pierrepont, se encuentra en Surrey, a las afueras de Londres.

Este fue el lugar al que dirigí mi camino en un frío día de abril de 2003. ¡Y qué recepción me dieron! Habían construido una rampa para sillas de ruedas para que pudiera entrar al edificio principal sin problemas, y me habían preparado una habitación individual bien acondicionada. Mi asistente personal estaba alojada en la habitación contigua.

¡Prosperé en Surrey! De todos mis años como estudiante, no era ajena a los largos días de enseñanza y formación práctica, así que estaba bien. Para mí, Pierrepont también se convirtió en un hogar espiritual, un lugar donde podía encontrarme con creyentes de ideas afines.

El centro está hermosamente situado, con vida salvaje y magníficos terrenos como parte de la propiedad. El río que pasa por un lado está rodeado por viejos jardines, y la orilla del río es un lugar popular para el silencio y la reflexión. Tenía mi silla de ruedas eléctrica como medio de transporte y solía correr con ella por la zona.

Una tarde no me presenté a nuestras conferencias. Me reportaron desaparecida. Después de algunas horas, el trabajador del centro me encontró completamente atascada con las cuatro ruedas en la orilla arenosa del río. Lamenté haber perdido un valioso tiempo de conferencias y lamenté haber creado tantos problemas; sin embargo, ¡me regocijé con la oportunidad de aventurarme en la naturaleza por mi propia cuenta!

Después de quedarme atascada esa vez, mi silla de ruedas solía ser llamada la oveja negra de Pierrepont. La reputación de la silla no mejoró exactamente, cuando en una excursión lejana, una de las ruedas se pinchó. Una vez más, fue una completa emergencia y las almas amables me ayudaron a mí y a la silla a regresar a casa en el camión del centro.

Nunca pronunciaron una mala palabra por esto. Siempre demostraron una gran comprensión de mi necesidad de salir y disfrutar de la naturaleza, sin tener una "niñera" a cuestas. Incluso cuando la silla de ruedas rompió las secciones de la alfombra en la sala de conferencias, ¡simplemente volvieron a pegarlas con una sonrisa! Sí, realmente me acogieron y me trataron muy bien en todos los sentidos.

Gran parte de la enseñanza y la intercesión en el centro de Ellel eran muy completos. Como psiquiatra, parte de lo que estaba sucediendo aquí me resultaba familiar. Al mismo tiempo, esta experiencia en Pierrepont fue diferente, porque se consultaba a Dios todo el tiempo. Y las respuestas de Aquel que nos creó y nos dio vida eran muy específicas.

Comenzamos cada día con adoración. Una de esas mañanas, a mitad de la adoración, Dios vino a mí en una imagen poderosa: me vi sentada en su regazo, tal como solía sentarme en el regazo de papá cuando era niña y me alimentaban con manzana afeitada. "Cortar abbles", como mi papá lo llamaría con su encantador acento sureño, ¡era lo mejor! Entonces, cuando Dios me dio esta imagen, intuitivamente pensé en algo bueno. Grande fue, pues, mi alarma cuando me preguntó:

"Beate, ¿estás dispuesta a caminar conmigo por el valle del llanto y los lamentos?"

¡Oh querido! No tenía muchas ganas de hacerlo, pero respondí que sí. Entonces me llené de una profunda paz.

Eso fue todo. No pasó nada más ese día en relación con esto.

A la mañana siguiente me desperté después de un sueño. En el sueño, yo había estado junto a una piscina grande de agua oscura sin ninguna visibilidad. A mi lado estaba Jesús.

"Estas son las lágrimas no derramadas de tu vida", dijo.

La piscina era enorme y profunda.

Los dos días siguientes, la enseñanza en Pierrepont se trataba sobre ser aceptados, en contraste con ser rechazados o abandonados. Me senté en la parte de atrás del aula y lloré durante dos largos días. Una y otra vez Dios me dio imágenes; pasaron como en un lienzo de película invisible en mi interior. Lo vi todo: los tiempos en el hospital tanto de niña como de adulta, la soledad, la desesperación, la angustia y todas las decepciones, todo vino ante mí. Un rostro tras otro, aparecieron ante mí todos los que había conocido. Así que me senté y lloré y lloré. Yo sola usé dos cajas de pañuelos de papel.

Lo extraño fue que nadie vino corriendo a consolarme. Obviamente, se dieron cuenta de que no habría ayudado. Nadie debía interponerse entre Dios y yo. Ni siquiera palabras vacías como "¡Tranquila, tranquila, todo estará bien!" podían calmar el dolor que en realidad era demasiado grande para abrazarlo.

Pero Dios estaba ahí. Estuvo presente en mi gran dolor por todo lo que se había hecho añicos. Durante tantos años me había tragado este dolor. Ahora le hice espacio para que saliera a la superficie. Fue en verdad una caminata por el valle de las lágrimas, ¡una experiencia que nunca olvidaré!

A la mañana siguiente, después de estos dos días, me desperté de otro sueño nítido. Esta vez me vi sentada al borde de la piscina que había visto en el primer sueño. Me senté allí dando patadas, con Jesús a mi lado. ¡Pero la piscina ahora estaba completamente vacía! El agua que se veía estaba en dos pequeños charcos en el fondo de la piscina. ¡Esta agua era completamente transparente y reflejaba el cielo azul!

Cuando hablo con otras personas sobre mis sueños, a menudo me encuentro con sus dudas en sus miradas y sus respuestas. En Inglaterra, sin embargo, conozco a personas que en sus propios encuentros con Dios han tenido experiencias como la mía. Un día le conté a la directora del centro Jill Southern-Jones sobre los sueños y visiones que había experimentado. Ella me miró fijamente con ojos escrutantes y dijo:

"Beatriz, cuando Dios le da una visión a alguien, en general él quiere que esta persona sea parte del cumplimiento de la visión".

Esas fueron grandes palabras para una pequeña dama en silla de ruedas.

Poco a poco, me di cuenta de que Dios no necesita mediadores para transmitir su mensaje a un individuo. La Biblia está llena de historias de cómo Dios habló a la gente común: José, Abraham, Moisés, Samuel, David, Gedeón, María, Pablo y Pedro son solo algunos de los muchos que tuvieron el privilegio de escuchar a Dios hablarles directamente. Para los que leemos las historias de sus vidas, son héroes especiales de la fe. Sin embargo, muchos de ellos eran débiles y tenían defectos de carácter, y algunos tenían deficiencias físicas. ¡Ellos, como nosotros, tuvieron que luchar mucho en su vida! Además, no podían leer la

Biblia y comprender que las dificultades que atravesaron terminarían. No había ningún plan para su vida. Pero cuando era importante para ellos entrar en el plan de Dios, él les hablaba directamente. Dado que Dios es el mismo hoy, ¿por qué no habría de hablar directamente a las personas? También somos muy afortunados de tener la Biblia, con ella podemos probar la verdad de lo que posiblemente vemos y oímos en sueños y visiones. Sabemos que Dios nunca puede contradecirse a sí mismo. Él nunca nos pedirá que hagamos algo que contradiga lo que dice la Biblia sobre lo que está bien y lo que está mal.

En épocas anteriores, Dios solía elegir a personas débiles para hacer cosas imposibles. Por lo tanto, nunca habría ninguna duda sobre quién debería recibir el crédito por lo sucedido. Yo misma había aterrizado en una situación imposible, pero en Pierrepont entendí poco a poco: ¡camino junto a un Dios para quien todo es posible!

17

Peñas Blancas

Después del tiempo en Inglaterra, mi camino va a Noruega por un corto tiempo. Estoy a punto de vender mi apartamento en Oslo y trasladar mis bienes terrenales a Colombia. Se regala mucho, pero "la silla eléctrica" debe ser parte de la mudanza. Además, los adornos navideños, la vajilla y las viejas notas se empaquetan en todo tipo de cajas. También van los viejos cuadros de mi padre. ¡Es bastante complicado!

La noche que estoy de regreso en Colombia, voy a mi nuevo hogar. Es una pequeña casa de ladrillos cerca del pueblo de Peñas Blancas (acantilados blancos). El pueblo lleva el nombre de los acantilados de arenisca blanca en lo alto de las montañas en el lado opuesto del río Quindío. Se supone que aquí está enterrado el cacique Calarcá, el legendario rey. El cacique buscó refugio en las cuevas de la montaña, junto con sus hombres y un gran tesoro de oro. Muchos de los que en los últimos tiempos han buscado el legendario tesoro de oro han encontrado el camino hacia las cuevas, pero varios de ellos nunca regresaron.

El primero en saludarme es el gatito Saturnino. Es blanco y negro, y tiene tres pelos de un pelaje alborotado. Saturnino en realidad pertenece al vecino, pero ha provocado un pequeño accidente en una cama de allí y ha sido arrojado fuera. Ahora el gatito se ha refugiado en la casa recién construida y casi vacía que será mía. Se acurruca en mi silla de ruedas y cuando un alma dispuesta lo levanta para mí, ronronea con gran emoción. Sin más dificultades, Saturnino se acurruca en mi pecho y se queda dormido. Él también ha encontrado un nuevo hogar. Pronto habrá más miembros de la familia. Como vivo en el campo a una buena distancia de la carretera principal, es aconsejable tener un perro. Y un día de abril, el cachorro Lucas y yo somos presentados. Sucede cuando estoy de visita en el pequeño pueblo de montaña de Salento, que está aislado entre valles profundos y altas montañas. Venir aquí es como entrar en otro siglo. En Salento, los orgullosos jinetes se sientan en lo alto de sus caballos y recorren las calles. El jinete lleva un poncho sobre los hombros, un machete en el cinturón y en la cabeza lleva un sombrero de paja de ala ancha. Con vista a las calles estrechas, cuelgan coloridos balcones de madera, y las antiguas casas de madera parecen estar protegidas de las demandas de cambio del nuevo siglo. En el mercado, se venden frutas y dulces en los puestos, mientras las notas frágiles y vibrantes de las flautas de los Andes suenan a través de la plaza. Los pequeños restaurantes ofrecen chicharrones, varias sopas y sabrosa trucha al ajillo. El pescado se sirve en un plato de patacón, hojuelas de plátano frito en aceite. A medida que ha pasado el tiempo y los turistas han descubierto Salento, han surgido muchas pequeñas empresas artesanales. Se organizan excursiones a caballo a lo largo del hermoso y exuberante valle.

    Cuando la noche tropical apaga el día en Salento, los faroles de hierro forjado ofrecen un tenue resplandor para orientarse. Desde las montañas nevadas que se elevan hacia el cielo, el agua derretida fluye a torrentes y en el valle, debajo del pueblo, el río Quindío susurra su canto eterno. Al amanecer, grandes bandadas de garzas vuelan a lo largo del río y atraviesan el valle de Cocora. Las alas blancas son de color rosa dorado con los primeros rayos de sol del día.

    Aquí es donde nació Lucas. Según todos los informes, es un French poodle, pero Lucas probablemente tiene un pedigrí más dudoso. Tiene dos días cuando lo levantan en mi regazo y comienza a lamerme la mejilla. Por mi parte es amor a primera vista. El cachorro aún no ha abierto los ojos, por lo que no puede verme, pero también me elige. Seré su nueva mamá y después de dos meses encuentra su lugar como nuevo miembro de la familia en Peñas Blancas.

El gatito Saturnino se toma muy en serio su papel de padre adoptivo de Lucas, el cachorro. Hasta la fecha, diez años después, Lucas todavía se comporta como un gato: cada mañana el perro se lame la pata y la usa para lavarse la cara, ¡como hacen los gatos! Lucas y Saturnino son amigos inseparables. En sus juegos son bulliciosos y hacen innumerables bromas.

En Semana Santa traigo ramas del naranjo del jardín. Les cuelgo huevos de Pascua pintados a mano, algunos de los cuales lograron pasar con éxito el largo camino a través del Atlántico. Una mañana, cuando salgo a la sala de estar, me recibe un espectáculo inesperado: ¡El suelo está cubierto de cáscaras de huevos! Y encima de la mesa del comedor, Saturnino está sentado con la pata entre las ramas de naranjo. Ha sido atrapado. Él es quien ha estado empujando todos los huevos de Pascua decorados. Debajo de la mesa, Lucas está sentado con una mirada expectante en sus ojos. El perro tiene una cascara de huevo pintada en la boca.

Cuando los dos bribones me ven, huyen como un relámpago hacia la canasta que comparten. Allí se quedan quietos y se aferran el uno al otro mientras esperan su castigo. Saben muy bien que han hecho algo que no deberían haber hecho, pero la tentación, durante las tranquilas horas de la mañana, fue demasiado grande. Es triste que los huevos que sobrevivieron cuatro meses en el mar tuvieran que acabar ante dos de los pequeños caciques cuadrúpedos de Peñas Blancas, los jefes sin corona de la casa. Por supuesto, no reciben ningún castigo.

Saturnino es muy curioso. Le encanta trepar al gran árbol de aguacate del jardín, donde hace ruidos que suenan confusos como el canto de los pájaros. Finalmente, tenemos que colocarle un collar con una campana para que demasiados pajaritos de colores no acaben como cena para el gatito. Las dos criaturas de cuatro patas tienen competencias de velocidad todas las noches. Corren de un extremo al otro de la casa, una y otra vez. ¡Nunca se aburren! Lo único que puede detenerlos es si entra una de las grandes arañas. Entonces Lucas y Saturnino se detienen repentinamente, y es hora de usar spray venenoso y palos de escoba como armas. Como vivo en el medio de una plantación, con relativa frecuencia me visitan serpientes y arañas. Una vez me mordió una araña y tuve que soportar una semana larga con el brazo hinchado, fiebre y dolor de cabeza, solo porque un insecto microscópico de color amarillo-blanco se acercó demasiado. Sí, hay algunas experiencias que son completamente nuevas para mí, "una pequeña ballena" del norte de Noruega que ha terminado en los Andes.

Pero, en general, todo sale bien. Prospero entre las plantas trepadoras, el canto de los pájaros y los atardeceres tropicales. A veces el calor es un suplicio, pero poco a poco me he ido acostumbrando. Sin embargo, los mosquitos del dengue son una molestia continua. Una de sus picaduras provoca contracciones febriles progresivas y agudas, dolores de cabeza y agotamiento físico.

Una vez a la semana tengo consejería pastoral en mi oficina. Primero tengo que ir a Armenia y recoger a mi intercesor y a la persona que busca ayuda. De hecho, no hay autobuses donde vivo y muy pocos tienen coche propio. También es peligroso caminar solo por las carreteras; la seguridad no es una broma en Colombia. En esta zona la policía es muy consciente de lo que le puede pasar a los extranjeros. Que alguien entre en su casa o automóvil, o intente hacerlo, no es una experiencia agradable. Lo mismo se aplica a los intentos de sabotaje o secuestro. A veces, las amenazas se acercan demasiado para mi comodidad, y luego puede suceder que la policía me pida que abandone el país rápidamente.

¡Pero ángeles poderosos vigilan! Duermo bien y no tengo miedo. Como enseño en diferentes iglesias de Armenia, muchas veces estoy por fuera hasta tarde en la noche y entonces oramos para que Dios nos proteja mandando sus ángeles. Si alguna vez es necesario que nuestros guardianes invisibles se hagan visibles para aquellos que desean hacernos daño, confiamos en que esto también sucederá.

«Ahora, Señor, toma en cuenta sus amenazas y concede a tus siervos el proclamar tu palabra sin temor alguno. Por eso, extiende tu mano para sanar y hacer señales y prodigios mediante el nombre de tu santo siervo Jesús."[6]

Una vez, cuando llego a casa después de haber viajado, hay algo que simplemente no está bien. ¡Saturnino está enfermo! Lo encuentro en su escondite, detrás de la lavadora. El gato no puede caminar y se queja y gime. Lucas está furioso con todos los demás y defiende a su amigo gato lo mejor que puede.

Resulta que Saturnino ha tenido una hemorragia cerebral. Además, tiene un coágulo de sangre severo en una pierna. ¡Mi dolor es grande por lo que ha sucedido!

Hacemos lo que podemos para ayudar a Saturnino, pero el gatito sufre mucho. Una mañana, unos días después, me despierto con lágrimas corriendo por mis mejillas. He tenido un sueño claro otra vez, y esta vez he visto a Saturnino dormido en el regazo de Jesús. Sus manos, llenas de cicatrices de clavos, acarician lentamente la espalda del

---

[6] Hechos 4: 29-30

gato. Entonces Saturnino se despierta y en el sueño salta de alegría al suelo y camina con la cola en alto. Me doy cuenta de lo que significa el sueño. Con el calor del día, me despido de Saturnino. Elijo quedarme con él mientras su pequeña vida se desvanece. Al día siguiente pongo a Saturnino a descansar en una pequeña tumba debajo de un guayacán azul.

18

Decisión

Es agosto y los guayacanes están floreciendo. A lo largo de los caminos y calles se erigen como grandes gigantes con coronas doradas en amarillo, rosa o azul. El viento hace temblar las pequeñas flores en forma de lirio y las envía como lluvia de colores al suelo. Allí las flores permanecen como una suave manta extendida.

Voy hacia el aeropuerto para recibir a algunos invitados. Llegan siete personas que liderarán nuestra primera Conferencia de Ellel Internacional, aquí en Colombia. Otros miembros del grupo local de Ellel y yo hemos viajado durante meses para presentar este proyecto a los líderes de la iglesia en las ciudades y pueblos alrededor de Armenia. Estoy un poco cansada, especialmente porque he contraído el dengue. Estoy considerando seriamente si puedo seguir haciendo este trabajo o si quizás mi tiempo en Colombia esté llegando a su fin. Después de todo, estoy pensionada por invalidez y no tengo mucha fuerza.

De camino al aeropuerto me detengo en la gasolinera para llenar el depósito del coche. Un niño se me acerca. No puede tener más de cuatro años. El niño es un vendedor ambulante, obviamente uno de los muchos niños que necesitan ayudar a mantener a sus familias. Su ropa está sucia y su cara y sus manos también, pero cuando me mira, me saluda con una gran sonrisa:

"¿La tenola quele compal maní?" En su extraño e infantil lenguaje debe significar "¿La señora quiere comprar maní?"

Veo que tiene labio leporino, sin tratar. Ahora sostiene un pequeño puño expectante. En él sostiene una corneta llena de maní. Todo el tiempo me mira a mí, la señora del lindo auto.

En un poderoso destello de luz, de repente observo que no estamos solos. ¡Jesús está detrás del pequeño vendedor de maní! Sus manos descansan sobre los pequeños hombros del niño. El Señor me mira con seriedad y dice en voz baja:

"¡Puedes irte, Beate, pero yo me quedo!"

Por supuesto que compro maní, y el niño sale corriendo feliz y satisfecho, probablemente para comprar una arepa, un pan de maíz plano y pequeño, y un vaso de leche. Quizás esta sea la única comida y bebida que tendrá hoy.

Dios ha hablado, tal como lo ha hecho antes. Inmediatamente sé, sin sombra de duda, que mi lugar está aquí al pie de las altas montañas colombianas. Donde está Jesús, yo también quiero estar.

Después, vivimos maravillosos días de conferencias con enseñanzas valiosas. Los temas cubiertos incluyen trauma y depresión, cómo poder perdonar y mucho, mucho más. También disfrutamos de una visita al Mariposario y al hermoso Parque del Café. Cuando tenemos visitantes internacionales, solemos llevarlos a ver los magníficos jardines botánicos donde vuelan las mariposas y al parque de diversiones más grande de América del Sur.

Al concluir la conferencia, me piden que sea la representante oficial de Ellel en Colombia. Un poco temblorosa acepto el desafío.

Más tarde ese año, yo misma enseño sobre el perdón. Ocurre en una iglesia en una ciudad al norte de Armenia. Junto con mi asistente personal, Griselda y un pequeño equipo de Ellel colombiano, realizo una pequeña conferencia. Hablo de algunas de mis propias experiencias con el perdón. La audiencia escucha acerca de cómo Dios me encontró cuando mis propias lágrimas se habían congelado. Entonces vino Jesús y dijo que quería deletrearme la palabra perdón. Pude ver una flor color sangre en su corazón. Entonces, una raíz comenzó a crecer desde la flor hasta mi propio corazón, y una flor como la del corazón de Jesús brotó ahí. Entiendo que es la flor del perdón.

Yo sola no puedo perdonar. Aunque sé que para recibir el perdón primero debo perdonar, es humanamente imposible perdonar a quienes me aplastaron y me robaron todo lo que solía ser mi vida. Sí, incluso es posible que haya acusado a Dios por las cosas que han sucedido. Por lo tanto, si alguna vez soy capaz de perdonar, lo haré solo porque Jesús me ayuda a hacerlo. Pero debo decidir permitirle entrar. Necesito permitir que Jesús me guíe a través de la jungla del dolor y la amargura.

Miro a la multitud en la conferencia. En la primera fila, veo a un hombre y una mujer, dos rostros endurecidos que lentamente se deshacen en lágrimas. Puedo ver como se mueven sus labios mientras repiten la oración personalizada del perdón, la leo lentamente en voz alta y veo como algo los libera. Algo ha sido liberado y pueden dejar ir el odio y la desesperanza. ¡Pueden darle todo a Jesús!

Después de terminar la enseñanza, ambos se acercan para orar. Resulta que la mujer ha sido abusada físicamente por su marido y ha desarrollado parálisis en una de sus piernas. Ahora tiene que usar aparatos ortopédicos en las piernas para poder caminar. El hombre que pasa al frente tiene el rostro desfigurado. Esto ha sucedido en su trabajo cuando cayó en un tanque de ácido fuerte. Así que quedó lesionado de por vida, pero no recibió ningún tipo de compensación por ello. Al contrario, ha perdido su trabajo debido a su larga incapacidad por enfermedad. A continuación, su esposa lo dejó. Así que se quedó solo, solo y con un corazón amargado. Tanto para la mujer como para el hombre, que tengo delante, ha sucedido algo crucial. Con la ayuda de Jesús han podido perdonar. Puedo ver una nueva esperanza brillando en sus rostros. Se les ha quitado una gran carga y ahora pueden volver a avanzar.

Estas historias son solo dos de las muchas que se han compartido a lo largo de los años como testimonios de lo que Jesús ha hecho en la vida de las personas. Continuamente entiendo con mayor claridad por qué es importante no rendirse, sino permanecer donde Dios me ha puesto. Yo misma soy débil y pequeña, pero eso no es importante mientras Jesús pueda usarme para llegar a otros y mostrarles quién es él y qué puede hacer. Él es suficientemente fuerte en mi debilidad.

19

El testimonio de los mosquitos y las baldosas frías

Me despierto porque me estoy congelando. Veo a Lucas acostado al final de mi cama. Ha tomado prestada una buena pieza del edredón noruego que he traído aquí. Ahora yace ahí, roncando con pequeños gruñidos. Solo una pequeña parte de su nariz sobresale de debajo del saco de dormir que ha hecho con la esquina del edredón. Personalmente, me encanta el amanecer antes de que se desate el calor en Peñas Blancas. Aquí, en las alturas, las noches son frías, a menudo con temperaturas tan bajas como cero grados.

Esta mañana, el nuevo hermanito de Lucas, un gato llamado Pixi, ha abierto la mosquitera de la ventana para salir a dar un paseo matutino. Una brisa fresca hace que las finas cortinas de algodón se muevan suavemente. Una gran bandada de pequeños loros verdes parlotea mientras vuelan sobre la casa. Se sientan en el techo de la casa de mi vecino y en los árboles alrededor de mi casa. Su parloteo feliz me despierta con una sonrisa. Mi mirada se posa en el comedero para pájaros, donde dos pájaros azules disfrutan del último vestigio del plátano de ayer. Dos colibríes con el tono azul verdoso del fósforo luchan por el espacio en el recipiente de agua azucarada. Sus alas se agitan como ventiladores invisibles mientras los pequeños pájaros están quietos en el aire debajo del techo del patio. El sol sale lentamente sobre las altas montañas del oriente. Dedos de luz se extienden hacia el fondo del valle y alejan las sábanas de niebla matutina. Un nuevo día está a punto de comenzar. ¡Gracias, Dios, que estoy viva! Hoy es domingo y en la iglesia aguardan horas llenas de adoración, enseñanza y ministración.

Hoy el pastor André está muy inspirado durante la predicación. Extiende sus manos hacia la congregación y ora por la sanidad de todas las personas con daño neurológico. Es un día muy caluroso y puedo sentir cómo el sudor corre por mi espalda. Es como si me estuviera quemando donde estoy sentada en la silla de ruedas. Después del servicio, dedico tiempo a conversar con diferentes personas. Estoy lista para volver a casa después de varias horas.

Entonces noto que los mosquitos se agitan y me pican los pies. ¡Extraño! Nunca antes había sentido esto, ¿verdad? Antes solo sentía la picazón, no las picaduras. Han pasado muchos años desde el día de septiembre en que me desperté paralizada. Muchos han estado orando por mí y Dios los ha escuchado. Poco a poco he recuperado la movilidad física. ¡Mi vida ya no se limita a acostarme boca arriba en una cama de hospital! Puedo volver a usar las manos con casi completa normalidad y, con muletas altas, también puedo caminar algunos pasos. Desafortunadamente, mis piernas todavía se sienten heladas, porque mi circulación sanguínea es pésima. La piel no tiene una sensación normal. Cuando Griselda me masajea las piernas, todavía siento un dolor intenso y ardiente. Sin embargo, el masaje es necesario para contrarrestar la gran inflamación que suelo tener con el calor tropical.

Dicho tratamiento también es necesario este domingo. Cuando Griselda y yo llegamos a casa, primero comemos el almuerzo largamente esperado. Luego me siento en el sillón reclinable con las piernas en alto y Griselda comienza a masajearlas.

Entonces de repente rugí. Empiezo a sollozar incontrolablemente. *¡Puedo sentirla tocándome sin que me duela!* ¡He vuelto a recuperar la sensación normal en ambas piernas!

Pasan algunos momentos antes de que pueda recomponerme lo suficiente como para decirle a Griselda que ha ocurrido un milagro. ¡Un milagro! ¡Por supuesto que esa era la razón por la que podía sentir las picaduras de los mosquitos! ¡Gracias, buen Dios, por los mosquitos y su ansioso testimonio!

Al día siguiente, me siento en la ducha durante mucho, mucho tiempo y disfruto del milagro: puedo sentir las baldosas frías y húmedas bajo los pies y el agua fría goteando por mis piernas. Lágrimas de gratitud fluyen por este magnífico milagro que ha sucedido en medio de la vida cotidiana. ¡Una vez más, mi Señor ha intervenido!

Entonces, el calor ardiente que sentí a lo largo de mi columna durante la oración del pastor no fue un calor ordinario. Fue el Espíritu Santo que me tocó y reparó el daño neurológico masivo de hace tantos años. Ocurrió en silencio en la parte trasera de la iglesia. Nadie me impuso las manos, ¡pero Dios estaba ahí!

Todas las mañanas hasta la fecha, me regocijo al sentir el agua fresca bañándome y las baldosas frías debajo de mis pies. Nunca me canso de esta sensación, que pensé que se había perdido para siempre.

20

El aguijón de la muerte

Un calor húmedo y opresivo llena el día. Los rayos del sol no pueden penetrar el aire espeso y húmedo. Desde el norte llegan densas nubes de color negro azulado. Al mediodía es casi de noche. Me siento en el banco debajo del dosel de mi patio. El gato y el perro están ansiosos y se aprietan con fuerza contra mí. Así es como suelen reaccionar cuando hay mucha actividad sísmica, por eso me pregunto si se avecina otro terremoto. Pero no, todo está en silencio. Sin embargo, la sensación de inquietud no me abandona.

Por la noche voy a un servicio en la iglesia. Tenemos una buena distancia para conducir hasta Armenia, por lo que mi asistente y yo comenzamos el viaje bastante temprano. Ya en la rotonda al este de la ciudad encontramos barreras policiales. ¡Algo ha pasado! Una gran área está bloqueada, pero la policía, por supuesto, no nos dirá el motivo. Tenemos que dar largos rodeos para llegar a la iglesia.

Cuando llegamos, todas las luces están apagadas. ¿Pero no se suponía que íbamos a tener un servicio? ¿Me he equivocado de día?

En medio de la oscuridad aparece una figura encorvada que viene hacia nosotros. Es un hombre. Con lágrimas en los ojos, nos dice que dos de los hermanos de la iglesia han sido asesinados, ¡abatidos a tiros a plena luz del día! Estaban en su trote diario alrededor de la cuadra cuando el *sicario* llegó en una motocicleta rápida. El asesino a sueldo disparó y mató a Alfonso. Entonces su hermano Álvaro se enfadó tanto que corrió tras el pistolero. Por eso también le dispararon. El domingo siguiente, la iglesia está llena de personas afligidas. Todos nos sentamos allí, tan indefensos. Dos sillas frente a mí están vacías. Esos fueron los asientos de Alfonso y Álvaro. Ambos hermanos eran fieles feligreses. No puedo detener las lágrimas. Las viudas, los afligidos hijos y hermanos de Alfonso y Álvaro, todos están ahí. Siento un profundo dolor. También Dios, lo siente. El Señor mismo lamenta todas las vidas perdidas en este país donde una vida humana parece tener tan poco valor. Oro por aquellos que han perdido no a uno, sino a dos de los suyos.

    Cuando termina el servicio y todos salen, veo a la anciana. Es la madre de los dos que ya no están. Ella baja lentamente por el pasillo. Me mira, donde estoy sentada en mi silla de ruedas, en la parte trasera de la iglesia. Luego se arroja a mis brazos. La abrazo con fuerza mientras las lágrimas fluyen. Me abstengo de decir nada, pero estoy presente, con ella.

    Pasa un mes. Entonces Elvira llama. Me cuenta que Paco no volvió a casa anoche. Paco había trabajado anteriormente junto con Alfonso y Álvaro. Pasan los días sin que aparezca. Comenzamos a sentir el peligro. Una certeza escalofriante de que algo anda muy mal se afianza. Después de una semana lo encuentran baleado, con terribles heridas.

    También este domingo la iglesia está llena a reventar. Ahora hay otra silla vacía. Paco era un adorador en la iglesia y, como Alfonso y Álvaro, tenía su asiento habitual justo enfrente de mí. Su rostro solía sonreír cuando levantaba las manos para alabar a su Señor y Dios. Ahora está de pie ante el altar celestial donde el dolor no existe y la muerte no cobra vida.

    Juan, el hijo de diez años de Paco, también ha venido a la iglesia. Tiene los ojos secos. Las lágrimas

parecen haberse congelado en este niño que ahora tiene que ayudar a mantener a su madre, abuela y hermana. De repente, Juan está parado frente a mí. Sus ojos están vacíos. Es como si estuviera contemplando una gran nada.
"¿Puedo darte un abrazo?" Pregunto.
Asiente levemente y se acerca a mí. Con cuidado, rodeé con mis brazos el esbelto cuerpo del chico. Al principio está completamente en silencio, pero luego comienza a sollozar. Grita su gran dolor, las lágrimas fluyen y su cuerpo está temblando. Nadie en la iglesia hace comentarios perturbadores; entienden que Juan necesita quedarse solo en su dolor. ¡Y qué gran dolor! ¡Tanto dolor! ¡Tanta injusticia!

No voy a dejar de abrazar a Juan. Después de una hora, sus lágrimas disminuyen y el niño ya no es un niño. Noto la expresión determinada en su carita. Parece haber encontrado la fuerza para seguir adelante. Personalmente sé que no fueron mis brazos, sino los brazos de Jesús, los que sostuvieron a Juan.

Cuando salimos de la iglesia, el hermoso día de verano está a punto de nublarse. Grandes nubes oscuras están llegando desde el norte y las primeras gotas de lluvia caen al suelo. Dios llora bajo la lluvia.

21

Un sacrificio

Parte del problema de tener una enfermedad crónica o una discapacidad es que nunca se recibe un tratamiento completo. A menudo, aparecen complicaciones en el camino. Un día empiezo a tener dolor lumbar. Es como una fuerte ciática. A medida que pasa el tiempo, empeora más y más. Finalmente, no puedo acostarme en la cama por la noche y debo dormir sentada en el sillón reclinable. Me toman radiografías de la espalda y las imágenes se envían a un especialista en Noruega. Resulta que la prótesis de cadera se ha aflojado y ha hecho un agujero en el tejido óseo al que estaba unida. El dolor es insoportable. Pasarán quince meses antes de que reciba ayuda. Hasta entonces tengo muchas vigilias largas y dolorosas. Durante el día todavía me las arreglo para continuar con la ministración y la enseñanza, pero me estoy cansando peligrosamente. Cuanto más cansada estoy, me cuesta más tener buenos límites en mi trabajo. Especialmente, los viajes en coche se han convertido en una pesadilla para mí, con todas las carreteras llenas de baches que hay aquí.

Eventualmente puedo ir a Noruega. La artroplastia de cadera va bien y poco a poco me recupero. También me ofrecieron una prótesis en la cadera que estaba tan gravemente lesionada hace muchos años. Las mismas posibilidades médicas no estaban disponibles en ese momento como lo están ahora. ¡Sí, el cirujano cree que volveré a caminar! Después de catorce años en silla de ruedas, no es de extrañar que mi alegría y mis expectativas sean grandes.

Al año siguiente estoy lista para el procedimiento planeado. Desafortunadamente, surgen complicaciones graves durante la anestesia. Pasé demasiado tiempo sin suficiente oxígeno. Entonces termino en un respirador. Ahora mi garganta está tan hinchada que me cuesta respirar. Por esta razón, tengo que dormir sentada durante varias semanas después de salir del respirador. La falta de oxígeno durante la cirugía también me ha causado problemas con mi memoria a corto plazo. Afortunadamente, mi alegría por la lectura me ayuda. Solo seis semanas después regreso a Colombia. Durante los primeros meses después de la cirugía devoro varios libros en noruego, inglés y español, y poco a poco recupero la memoria.

La cirugía de cadera en sí misma, fue un éxito, por lo que ahora puedo caminar de nuevo. ¡Es asombroso! Seguramente debo usar muletas, pero mis piernas ahora tienen la misma longitud. Esto me permite, sin dolor y con gran entusiasmo, ponerme en marcha todos los días. Disfruto mucho de la oportunidad de usar la piscina al aire libre en la urbanización donde vivo en Colombia.

Pero luego, nuevamente empiezo a tener dolor. Esta vez, es como un anillo alrededor de mi muslo derecho. Poco a poco es tan severo que no puedo caminar ni acostarme. Tengo que volver a usar la silla de ruedas. Con la silla solemos hacer pequeños paseos por el barrio donde vivo. Delante va Pixi, el gato, con la cola en alto. Luego, sigo yo en la silla de ruedas, y Lucas, el perro, con una correa. Mi asistente, Griselda camina en la parte de atrás como "el motor" de nuestra pequeña procesión. Uno de los vecinos me pregunta si me he vuelto demasiado perezosa para

caminar. La pregunta me hiere profundamente en mi corazón.
En mi próxima revisión con el cirujano en Noruega, encontramos el motivo del reciente dolor. La prótesis se ha salido a través del fémur y el hueso se ha partido en dos. Se ve terrible en las radiografías y debe tratarse lo más rápido posible.
El cirujano y yo tenemos una larga conversación. El camino que tengo por delante no es una broma, especialmente porque existe un gran riesgo asociado a administrarme anestesia. Sin rodeos, el cirujano me dice que, si optara por quedarme en Noruega, podría ofrecerme una reconstrucción total de cadera. Requeriría varios años de tratamiento, incluido el trasplante de tejido óseo en la cadera. Pero como estoy de regreso a Colombia, necesita quitarme la prótesis una vez más. Esta vez el daño es tan grande que no se puede hacer nada más. No pueden ofrecer una nueva cirugía y, por lo tanto, no podré volver a caminar.
Supero la cirugía. En el peor momento tengo otro encuentro divino. Veo a Jesús al final de la mesa de operaciones. Me pregunta si estoy dispuesta a pasar por esto por él.
Entiendo lo que quiere decir. Si no me someto a esta operación, el dolor me impedirá regresar a Colombia. Solo el viaje allí toma casi veintiséis horas, con todo el costo que esto tiene para mi cuerpo. Pero recuerdo lo que pasó hace muchos años, cuando un niño me pidió que comprara maní y tomé la decisión de quedarme en Colombia. Entonces, ¿quo vadis? ¿a dónde vas, Señor? Jesús regresará a Colombia, y también esta vez, ¡lo seguiré allí!
Una mañana después de mi regreso a Colombia, Jesús me despierta con una pregunta un poco extraña:
"Beate, ¿qué sucede con el tejido biológico que se extrae del cuerpo humano durante una cirugía?"
Yo se la respuesta. El tejido es quemado.

"De esta manera tu cadera fue un holocausto* para mí", dice el Señor. Pasan unos momentos antes de que entiendo completamente lo que él quiere decir. Sé lo que es un holocausto, pero esto es diferente. Para continuar mi ministerio para Jesús en Colombia, tuve que renunciar a la oportunidad de someterme a otra cirugía y, con ello, a la posibilidad de volver a caminar. El tejido que se extrajo de mi cuerpo durante la reciente cirugía de cadera se quemó. Dios sabía claramente lo que esto significaba para mí. Ahora, me confirma que sabía todo esto y que lo considera un sacrificio para él. Mi dolor no ha sido en vano. En ese preciso momento me llena de una profunda paz. Una vez más, el Señor ha proporcionado sentido en medio de lo que no tiene sentido.

* Holocausto: Una ofrenda quemada

22

La carrera de mi vida

La vida no se vuelve más fácil que antes, pero poco a poco recupero algo de movilidad. Finalmente, me las arreglo para levantarme de la cama sola y aprendo a levantar la pierna flácida con la ayuda de la otra pierna. También recupero el equilibrio. Sin embargo, en medio de esto, llevo un dolor silencioso en mi corazón de haber perdido una vez más la esperanza de poder caminar de nuevo.

Antes de mejorar, será mucho peor.

Durante los tres meses que han pasado desde que regresé a Colombia, me he sentido cada vez más débil e indispuesta. Me deprimo bastante. A menudo tengo dolores de cabeza y me han empezado a doler los hombros y las piernas. También siento una presión creciente en mi pecho. Mi cadera que tuvo la última operación pronto se hincha y se vuelve violeta.

Cuando finalmente llego al médico, es casi demasiado tarde. Mi presión arterial ha bajado tanto que no se puede medir. Se nota porque estoy muy mareada. Resulta que he contraído una infección desde la operación, pero solo al contagiarme la sangre (sepsis) se ha manifestado con síntomas graves. Ahora estoy medicada y tratada de acuerdo con las reglas del arte médico.

La fiebre es alta y me da alucinaciones. Estoy segura de que escucho los cantos de los ángeles y estoy convencida de que moriré. Una noche pregunto en voz alta, en el silencio de la habitación donde me rodea la hermosa canción: "¿Iré ahora al cielo?"

La respuesta es clara, con la misma voz que conozco tan bien después de todas las veces que la he escuchado a lo largo de los años, "No, Beatriz, todavía no". ¡Estoy tan, tan cansada! ¡Pero sobrevivo! Otra vez, apenas supero esto.

En medio de mi sufrimiento, veo un video sobre el atleta Derek, que se lesionó durante los Juegos Olímpicos de Barcelona, en 1992. También leo el libro de Ken Symington, *Loved as never before*, donde se menciona la misma historia.

Derek, la estrella del atletismo, era el favorito y corría por el oro. Pero cuatrocientos metros antes del final escuchó un estallido y cayó por un dolor agonizante en un muslo. El tendón de la corva de uno de los músculos más grandes del muslo se había roto. A pesar del insoportable dolor, se puso de pie y siguió cojeando.

Nadie sabe con certeza cómo sucedió lo siguiente, pero de repente un hombre un poco mayor sale corriendo a la pista. Se había abierto camino entre masas de gente y guardias de seguridad hasta llegar al hombre herido. ¡Este hombre era el padre del corredor!

"No tienes que finalizar la carrera", dice su padre.

"Sí, debo hacerlo", responde el hijo.

"¡Entonces terminémosla juntos, muchacho!" su padre resuelve.

¡Oh, cómo me resuena esta historia! ¡También tengo un dolor severo en el muslo, así como también tengo la determinación de no abandonar la carrera de mi vida! Con llanto me levanto hacia adelante, mientras todo el tiempo me apoyo pesadamente en mi Padre celestial. Él está acariciando mi cabello mientras me da unas palmaditas tranquilizadoras en mi mejilla.

"Todo saldrá bien", me dice. "¡Eres tan valiente! ¡Estoy orgulloso de ti! Y yo estoy aquí contigo".

En verdad, es el Señor quien me lleva. Me quedo dormida con la tranquilidad de que no estoy sola en el último tramo hasta la línea de meta. Mi padre me carga cuando estoy demasiado cansada para caminar. Ciertamente no se ha rendido.

Puedo elegir por mí misma. Si quiero, puedo rendirme ahora. Pero para mí esa no es una opción real. Junto al Señor, prefiero continuar. No es rápido, pero juntos avanzamos, paso a paso, aunque muy lentamente.

Es temprano en la tarde. Donde me acuesto en el sillón reclinable, la luna llena brilla sobre mí. Afuera veo el árbol del tulipán de fuego, con su poderosa corona de flores rojas vivas. ¡Estoy en Colombia! ¡Junto a Jesús! ¡Aquí es donde pertenezco!

23

En verdes pastos junto a aguas tranquilas

Es un gran privilegio cuando la gente abre su corazón y me permite compartir su dolor y su lucha. En esta habitación de confianza donde puerta tras puerta se abre con cautela, Jesús puede entrar. El cuidado pastoral se trata esencialmente de esto: estar disponible para que Jesús pueda limpiar, sanar y pegar las piezas de una vida que se ha roto.

Cuando hice mi especialización en psiquiatría, mi médico supervisor se tomaba unas vacaciones a solas, cada año. Estaba casado, tenía dos hijos y era feliz junto a ellos, pero una vez al año, sin embargo, se aventuraba solo en un largo viaje de pesca. Esto, realmente me sorprendió, hasta que entendí por experiencia propia que es necesario retirarse de vez en cuando, no estar disponible para nadie y estar libre de las exigencias de los demás.

Pocas cosas se pueden comparar con ayudar a las personas en un nivel más íntimo y personal. Al mismo tiempo, es una de las tareas más exigentes que existen, porque se utiliza cada parte de uno mismo. Si no se permite un respiro periódicamente, es posible que se llegue al agotamiento y a estar completamente exhausto por la batalla.

Personalmente trato de obedecer el mandamiento bíblico de santificar el sábado. ¡Creo que el mandamiento nos ha sido dado para nuestro propio bien! No somos máquinas ni robots, por lo que necesitamos descansar para recargar nuestras baterías y encontrar una nueva motivación. Necesitamos tiempo para ser creativos, disfrutar de la naturaleza, tal vez leer un buen libro, y uno que no esté relacionado con nuestro trabajo o estudio profesional. Y lo que es más importante: necesitamos tiempo de calidad con Jesús.

Aquí en Colombia tengo un lugar de descanso "secreto". El lugar está ubicado entre verdes montañas de "cimas de azúcar", en un profundo valle más allá de la antigua ciudad universitaria de Manizales. Ahí se encuentra un gran complejo hotelero con aguas termales. Es un viaje largo, que tarda unas tres horas, pero merece la pena.

El camino a las cabañas atraviesa el distrito cafetero de Colombia. Aquí los campos en las laderas están llenos de exuberantes matorrales de café de un verde intenso. Con sus flores blancas estrelladas y los granos de café rojos madurando uno al lado del otro, son una vista magnífica. En el medio se encuentran grandes fincas con edificios grandes y pequeños. Tienen tejas de barro cocido y sus barandas rojas, amarillas o verdes proporcionan una agradable sombra. Veo contraventanas al pasar, también de alegres colores. Las granjas rurales se asemejan a grandes casas de muñecas con ventanas sonrientes que nos saludan al pasar. Cada finca revela su propia historia silenciosa con secretos bien guardados de una época pasada. Sí, ¡hasta el viaje en auto aquí me hace feliz!

Después de llegar a nuestro destino, nos instalamos en una pequeña cabaña. Tiene colores llamativos y brillantes y está cubierta con una capa doble de tejas. En el pequeño salón hay una chimenea. Junto a la chimenea, se apila leña aromática lista para usar. Sin duda nos vendrá bien ya que nos encontramos a dos mil metros sobre el nivel del mar.

El lugar está resguardado por altas montañas. Aquí crecen helechos antiguos, tan grandes como casas, y los alrededores están adornados con muchas flores, setos y árboles hermosos y coloridos. Las vacas pastan en las laderas y, cuando se acerca la noche, mugen como quejándose. Dado que las montañas reciben lluvias abundantes, la naturaleza aquí adquiere un aspecto particularmente fresco y colorido. El agua derretida de los glaciares nevados de las montañas también contribuye.

Donde me alojo, han construido tres grandes piscinas con agua de manantiales termales, y muchas de las cabañas tienen su propio baño de burbujas en el exterior. El agua viene en grandes cañerías del volcán El Ruiz. Este gigante está activo a intervalos irregulares y no hace mucho tuvo otra erupción. El olor agrio también llegó a Armenia, y al norte de nosotros en Manizales y la ciudad vecina de Pereira, las calles estaban cubiertas de ceniza volcánica. Las temperaturas subieron intensamente y el suelo tembló repetidamente, ¡a veces por encima de siete en la escala de Richter! Los aeropuertos se cerraron tanto en Colombia como en los países vecinos porque las nubes de humo, vapor y cenizas impedían volar. Pero cuando el Ruiz, el gigante, duerme, es bueno estar junto a las aguas termales. Rara vez vengo por más de unos pocos días, pero esos días están todos llenos de la sonrisa del Señor, desde el amanecer del día. Luego me acompañan los suaves contornos de las montañas azuladas a través de la niebla de la mañana, y si es la época adecuada del año, escucho cantar a las golondrinas mientras construyen su nido en el techo de la entrada de la cabaña. Ellas cantan su mensaje feliz y me ofrecen un espectáculo aéreo en el aire cristalino de la mañana. Cuando me levanto de la cama y pongo los pies en las gélidas baldosas del suelo, me recorren escalofríos de alegría y me envuelve el silencio del lento amanecer.

Miro afuera. Alrededor de la cabaña crece un mar de flores sobre un fondo verde oscuro. Las flores vienen en todos los tamaños y tonos de azul, morado, blanco, rojo y amarillo, uno más dorado que el otro. Uno de mis favoritos son los lirios Agapantos. Se colocan en largas filas de azul y blanco, como bailarinas con pequeñas faldas de flores. Después de la hermosa mañana aguardan aún más placeres. El agua humeante de los termales suaviza mis músculos cansados, y la cocina exquisita da nueva fuerza tanto al cuerpo como al alma. La hermosa naturaleza, el silencio y el tiempo de oración y lectura de la Biblia reviven mi ser interior. Esto es edificante en todos los sentidos. Cuando estoy a punto de pagar la factura después de una de mis estadías, veo que alguien ha hecho una anotación acerca del código de usuario. Ahí solo está escrita una palabrita: Dios. Código de usuario: ¡Dios! Sí, con el rey David puedo decir de Dios: "En verdes pastos me hace descansar; junto a aguas tranquilas me pastorea". Estas tranquilas aguas en prados de color verde brillante, son verdaderamente, un regalo de Dios en medio de días cada vez más ocupados. Estoy segura de que es el mismo Señor, quien me da estos días y que se regocija conmigo por todos los pequeños placeres que hacen que la vida sea tan grande. Descansada y feliz regreso a los muchos retos de la vida diaria.

24

Pintar con palabras y colores

María es una vieja conocida mía. Tenemos, lo que se podría llamar, una amistad terapéutica.

Durante muchos años, ocasionalmente ha venido a compartir conmigo su preocupación y frustración. Juntas pintamos la historia de su vida con la ayuda de palabras.

Para María es importante que tanto el perro, Lucas, como el gato, Pixi, estén presentes cuando ella viene. Ella es muy buena amiga de Pixi. Una vez tuvo un gato que era como un niño para ella: un miembro de la familia de cuatro patas, un gatito que la seguía como una sombra. Ahora, su gato ha desaparecido.

María acerca su silla a la mía. Ella me mira y luego me vuelve a mirar fijamente, como para averiguar si puede confiar en mí lo suficiente para contarme lo que nadie más sabe. Seguro que puede. A lo largo de los años me ha visitado muchas veces y hemos tenido muchas conversaciones.

María tiene un gran don. ¡Ella es pintora! Crea magníficas imágenes en colores brillantes. Especialmente le gusta pintar con colores al óleo. Sus lienzos están llenos de luz y movimiento. Ella retrata altos lirios de calas presionados contra el suelo por el viento de una noche oscura. Dibuja pájaros atrapados en trampas de alambre. Como solo ella puede, pinta la libertad enjaulada. Las formaciones montañosas en la distancia tal vez se parecen al cuerpo dormido de una mujer. Las espumosas corrientes oceánicas se arremolinan y se llevan todo. En su mundo, el ojo de pájaro está rojo por el dolor reprimido. Una puesta de sol llameante se pierde detrás del horizonte, entonces, ¿aparecerá un nuevo día? María pinta y pinta. Su última pintura se llama Agapantos en primavera. Los lirios erectos se destacan en primer plano con sus pequeñas flores acampanadas de color malva. Hay una expectativa en la imagen. ¿Qué esperan estos lirios? ¿Cuál es el anhelo de María? El fondo se crea lanzando pintura de color amarillo ocre contra la pantalla con gran fuerza. La ira y la frustración se desvanecieron con mano fuerte y talentosa. El efecto es un paisaje translúcido que atrae los pensamientos hacia las lágrimas. ¿Es agua que se escurre por el lienzo, como el agua derretida de las lejanas montañas nevadas, o son lágrimas congeladas que han encontrado su camino hacia la luz del lienzo? María pinta y pinta, con palabras y con pinceles. Y yo puedo participar.

25

Estar en aguas profundas

El Archipiélago de San Andrés es colombiano y está ubicado en el Mar Caribe. Con sus cocoteros ondulantes y sus playas de arena blanca brillante contra el océano azul celeste, estas islas de arrecifes de coral son el epítome de un idilio tropical. Aquí tengo mi segundo escondite "secreto" cuando el cansancio se apodera de mí y es hora de unas pequeñas vacaciones.

La vida aquí se vive a un ritmo lento. Pequeños barcos de pesca pintados en colores brillantes están anclados en la bahía y se sumergen alegremente en la brisa. De vez en cuando una lluvia repentina lo cubre todo con su manto gris. Pero la mayor parte del tiempo el sol brilla desde un cielo alto y despejado. Luego, los siete tonos azules del océano suenan como una rapsodia de piano en la superficie, hasta que se pierden en los tenues tonos verdes y amarillos de la luz del sol cuando se acerca la noche. Los corales submarinos dan un toque de sombras de color marrón grisáceo en la superficie. Las ondas de luz bailan hacia la tierra donde ondean suavemente contra la borda de numerosas pequeñas embarcaciones que reposan en el puerto. En las playas deambulan mujeres acuerpadas de piel oscura con vestidos coloridos y sueltos. Levantan la cabeza con orgullo, mientras cada una lleva sus grandes bandejas de bocados de coco u otras delicias que venden.

La ardiente puesta de sol tropical es corta y con colores vibrantes, mientras que desciende rápidamente hacia el mar. Por la noche duermo con las ventanas abiertas para disfrutar plenamente de la brisa marina. Las olas que retumban contra el arrecife en el mar se convierten en la canción de cuna que me adormece. Durante las noches tranquilas me recuerdan diferentes costas y atardeceres de hace mucho, mucho tiempo al otro lado del Atlántico. Crecí como isleña, rodeada por el mar salvaje. Desde niña he tenido una inclinación natural hacia el mar. Aprendí a bucear diez años antes de llegar a Colombia. Sin embargo, donde vivo ahora en la Cordillera de los Andes, estoy lejos del romper de las olas y el mar azul profundo. En el húmedo y tembloroso calor del interior, a menudo anhelo la costa y la fresca brisa del mar. Así que, más o menos siempre, encuentro buenas excusas y razones para desviarme ocasionalmente hacia el Mar Caribe.

Ahí he estado, a lo largo de los años, en aguas profundas literalmente hablando. Porque cuando llegó la oferta de bucear en la Isla de San Andrés, no tardé en aceptar. El buceo ofrece experiencias espectaculares de la naturaleza y es una excelente manera de disfrutar de la libertad de moverse sin obstáculos. La silla de ruedas se queda en tierra, porque en el agua casi no peso. En lo profundo del océano puedo quedarme quieta mientras la corriente me mueve a través de emocionantes paisajes submarinos.

En las profundidades del azul celeste del océano tropical, siento cómo Dios en el cielo está mirando todo, sonriendo al planeta bañado en sol. Nuestro pequeño planeta azul gira lentamente en el abrazo del espacio exterior. Dos seres humanos diminutos se adentran lentamente en el mar, mientras el sol brilla juguetonamente en las olas. La misericordia de Dios descansa sobre esta nueva mañana fresca. En lo profundo del océano, mi compañero de buceo, Luis, y yo nos deslizamos lentamente a través del azul silencioso. Solo las burbujas que bailan en la superficie revelan nuestro camino en las profundidades. Cientos de pequeños peces plateados brillan a nuestro alrededor mientras se unen a nuestra expedición. Un pulpo curioso se asoma por debajo de la arena, antes de salir corriendo apresuradamente. De detrás de los arrecifes de coral rojo y azul llega una tropa de peces pavo real multicolores. Un pez escorpión intenta hacerse invisible, con sus aletas mortales dentadas es un recordatorio de que la vida no puede darse por sentada. Mientras los atareados bagres barren el fondo del mar con sus bigotes amarillos, a un pequeño pez globo le gustaría jugar con los invitados humanos que pasan. Enormes abanicos de mar se balancean mientras bailan, y grandes rayas se deslizan sobre nosotros como enormes pájaros en vuelo lento por las aguas. El pez loro está raspando pequeños trozos de coral con su pico afilado. Bancos de peces grandes y pequeños nos miran con los ojos muy abiertos mientras pasamos flotando lentamente y un pez payaso golpea con la cola mi máscara de buceo. ¿Quizás quiere ahuyentar a este gran monstruo que se acerca demasiado a la anémona de mar donde tiene su pequeña casa?

En adoración silenciosa, levanto mis manos hacia la luz que está muy arriba. Ciertamente Dios me han dado tesoros escondidos en lugares secretos en las profundidades del océano. Lo imposible se ha vuelto posible. La libertad sin barreras ha guiado mi camino hacia perlas de alegría escondidas en la profunda oscuridad del mar. Asciendo hacia la superficie envuelta en movimientos como de un viento invisible. Una alegría recién nacida se ha convertido en mía. En una oleada de plata que estalla, emerjo a la superficie y me río hacia la luz dorada del sol. Es como si hubiera abierto el envoltorio del primer día del resto de mi vida.

Sin embargo, ha pasado mucho tiempo desde que fui a bucear. En los últimos años, los problemas de cadera y otras limitaciones han detenido temporalmente mis viajes al mar. Tanto San Andrés como el gran azul profundo tienen que esperar. Pero el anhelo de volver a bucear nunca desaparece: el deseo de una vez más cerrar la puerta al mundo en tierra firme y flotar a través del mar tranquilo y claro mientras las burbujas de aire relucientes se elevan hacia la superficie muy por encima de mí. Algún día, en algún momento, volverá a suceder. Esperar por una alegría también es una alegría.

26

Despedida

De vez en cuando me preguntan sobre el aspecto más difícil de vivir en Colombia. Una de las respuestas es que es casi imposible viajar a Europa con poca antelación. Como necesito una silla de ruedas y necesito ayuda con la mayoría de mis actividades diarias, es muy difícil para mí viajar sola. Esto significa que una de mis asistentes personales de Colombia necesita acompañarme. Por mi parte, el pasaporte noruego abre la mayoría de las puertas, pero los colombianos necesitan una visa para viajar a Europa. Obtener una visa de este tipo lleva tiempo, si es que la conceden. Si mi asistente recibe un "No", también me paran a mí. A través de los años ha sido doloroso cuando mis seres queridos han hecho la última parte de su viaje de vida sin que yo pueda estar con ellos y decirles mi último adiós. En esos momentos enciendo una vela aquí en Colombia y mantengo una vigilia de oración durante las largas horas de la noche. La persona en cuestión no es consciente de ello, pero muy lejos, en América del Sur, hay alguien que se preocupa por ellos y que de alguna manera está presente a medida que su vida se desvanece.

A menudo pienso que la oración es como enviar rayos de luz al gran espejo de Dios. Entonces quizás él gire levemente el espejo para que el reflejo de la luz sea enviado donde la oscuridad necesita romperse, a alguien que necesita su cuidado y su presencia en ese momento.

Me he vuelto cada vez más consciente de que los pequeños detalles son muy importantes en el ministerio para Dios, y cuán importante es obedecer lo que Dios dice. A menudo me despierto durante las horas de la noche sin saber por qué. Luego le pido al Señor que me muestre por quién le gustaría que orara. A veces, la respuesta se da cuando aparece un rostro ante mí, y puedo orar específicamente por esa persona. Más tarde, puedo averiguar qué sucedió y cómo Dios intervino en el momento exacto. Otras veces no obtengo esa respuesta.

Mientras escribo estas palabras, vuelve a ser hora de despedirme aquí en Colombia. Las maletas están empacadas y se avecina un largo viaje. Esta vez, una enfermedad grave en mi familia inmediata ha coincidido con mis vacaciones planeadas.

De camino al aeropuerto, el taxista saca el brazo por la ventanilla y saluda con fuerza para indicar que tiene la intención de girar a la izquierda. Un motociclista pasa corriendo mientras pita con un sonido que, según Griselda, se asemeja a un gallo ronco. Hay muchas cosas que se hacen de manera diferente aquí en América del Sur.

Después de llegar al aeropuerto, se realizan largos controles policiales y una minuciosa investigación del equipaje. Lamentablemente, mucha gente intenta contrabandear drogas desde aquí, y en la lucha contra este mal la policía está haciendo un esfuerzo importante.

Los que se han presentado para despedirse de Griselda y de mí crean un anillo. Unimos nuestras manos y oramos el uno por el otro, por la protección y la presencia del Señor en todo lo que sucederá, tanto por los que nos vamos como por los que se quedan.

De camino al avión en Armenia, vemos un arco iris que aparece sobre las montañas, sobre el fondo de nubes azul oscuro. El capitán anuncia que será un viaje turbulento, y lo será. Cuando hacemos escala en Bogotá, también vemos un arco iris, como signo de la fidelidad de Dios escrito en las nubes. Él está con nosotras, que nos vamos, y con los que se quedan.

Las alas fuertes pronto nos elevan por encima del exuberante paisaje. Se extiende debajo de nosotras como un mosaico de tonos verdes. Manchas amarillas y azules revelan que es hora de la floración de los guayacanes. Después de un rato pasamos por montañas imponentes que de repente se convierten en un océano azul profundo. En los poderosos brazos de Dios, somos llevadas al otro lado del Atlántico.

Esta mañana cuando salimos de casa, las golondrinas bailaban sobre un guayacán azul y la lluvia de la noche le daba al aire de la mañana una claridad fresca. En lo alto veo la sombra de un gran pájaro volando. El cóndor pasa. Me pregunto si me vio como yo lo vi a él. ¿Qué vio a vuelo de pájaro? ¿Qué miraba mientras se elevaba a través de las corrientes de aire cálido con sus poderosas, quietas y extendidas alas? ¿Tuvo un alcance mayor?

Tanto el cóndor como yo tenemos un lugar en la gran creación de Dios. Dios está creando un rompecabezas, y mi pedacito de vida ha encontrado su lugar en él, bajo un guayacán azul, donde el canto del viento se lamenta, donde el sol esparce las sombras después de una larga noche, y donde ¡cada día es un regalo de mi buen Padre celestial!

27

Postludio

Es temprano en la mañana. Estoy de nuevo de vuelta en Gran Canaria. Se abre la pesada puerta de madera marrón. ¡Ahí está Rafa! Con las sienes ligeramente grises, se ha vuelto un poco mayor de lo que lo recuerdo. Tiene una expresión suave en su rostro. Nuestras miradas se encuentran, y es como si se borraran todos los largos años que han pasado. Nos quedamos completamente en silencio, mucho tiempo. Nos miramos el uno al otro.

    Entonces es como si volviéramos a la vida. Sin palabras nos abrazamos. Es como volver a casa después de un largo viaje.

    Caminamos por la playa. Es poco antes del amanecer y la ciudad apenas se está despertando. En la arena, los pescadores están a punto de sacar a tierra los botes multicolores con la pesca de la noche. Uno de los barcos tiene el nombre "Beatriz" escrito en la proa. Me viene a la mente un recuerdo. Otra vez ya había visto a pescadores tirar, a la orilla, un bote con ese nombre. Un viejo coro católico fluye en mis pensamientos:

Señor, me has mirado en los ojos,
sonriendo has dicho mi nombre.
En la arena he dejado mi barca,
junto a ti buscaré otro mar.

    Entramos en un restaurante en la acera que ha abierto temprano. En una mesa de la esquina, estamos protegidos de las miradas de personas ocupadas que pasan corriendo. Rafa y yo tomamos una taza de chocolate caliente y mientras disfrutamos de churros frescos y calientes abrimos puertas que han estado cerradas dentro de nosotros. En nuestro rincón del café, el tiempo se detiene y una alegría suave y silenciosa vibra entre nosotros, mientras un arco iris de piezas multicolores de pareos de tela revolotean en un puesto afuera en el paseo marítimo. Esta mañana ambos experimentamos la fidelidad de Dios. Cuatro manos juntas y nuestras miradas se encuentran sobre el abismo del tiempo y la separación. Hay dolor, hay alegría. Tantos días que se han convertido en largos meses y años se borran mientras hablamos de en qué se han convertido nuestras vidas. Las tormentas se han desatado en nuestras noches oscuras, pero a pesar de todo, Dios ha dejado que el perdón florezca en nuestros corazones. Durante estas primeras horas el Señor rompe las cadenas de la desesperación y la amargura. Al amanecer, nos envuelve con su manto de paz. El viento seco susurra mientras sopla a través de las altas palmeras, y el sol y las sombras bailan sobre la piel dorada. Después del largo invierno de la tristeza, las frágiles flores de almendro de la primavera finalmente están brotando.

    Es un breve encuentro, es un momento, de cada una de nuestras vidas. El tiempo no puede retroceder. Muchas decisiones no se pueden deshacer. Nuestro camino de vida ya no es el que era. Pero este día es nuestro y solo nuestro. Finalmente, una estrella fugaz dibuja una línea silenciosa y brillante a través del cielo azul nocturno. De nuevo es hora de decir adiós. Dios nos escucha, dos de sus hijos pequeños, y nuestro momento está fijado en la eternidad. Nuestro Señor nos ve. Creo que nos sonríe, él sabe que lo mejor solo puede surgir de un gran dolor.

    Al anochecer, el sonido de los pasos de Rafa se desvanece lentamente, mientras que el susurro de las lágrimas contenidas es llevado por el viento de la noche. Algunas decisiones son más difíciles de tomar que otras.

Tras una corta estancia en Noruega y Gran Canaria, el camino vuelve a dirigirse hacia el sur. Manos fuertes me cargan a bordo del avión que me llevará de regreso a Colombia. Las alas plateadas del avión se elevan hacia el cielo mientras el sol se pone sobre este día que pronto será solo un recuerdo. El mar azul golpea contra los acantilados volcánicos negros donde los picos espumosos de las olas son lanzados al aire y coloreados por la luz dorada del sol que pronto desciende por debajo del horizonte. Las siluetas de montañas oscuras se borran en la bruma nocturna cuando el avión comienza de nuevo el largo viaje a través del Atlántico.

    El gran fuselaje continúa debajo de un cielo nocturno salpicado de estrellas. A través de las horas oscuras de la noche se abre un camino a una nueva mañana.

    Jesús todavía regresa a Colombia, y con mis cuatro rueditas estoy rodando al lado de él.

Epílogo

En 2018, después de que Beatriz regresó a Colombia, necesitó una nueva cirugía para tratar su pierna izquierda. En esa cirugía contrajo una infección, lo que finalmente hizo que perdiera la pierna, pero sobrevivió. Luego de una temporada de recuperación, el Señor la llamó a dejar Colombia y a mudarse a Gran Canaria para establecer el trabajo de Ellel Ministries. Su trabajo fue interrumpido por las medidas de cuarentena del Covid, pero al final de la pandemia Beatriz volvió a enseñar y a ministrar a la gente de Gran Canaria y descubrió que tenían mucha hambre del toque y de la sanidad del Señor. Con las restricciones de asistencia vigentes, solo 40 personas pudieron asistir a los días de enseñanza, aunque 160 habían querido asistir.

La cirugía en la que le quitaron la pierna a Beatriz la dejó con un daño en su válvula aórtica. En Gran Canaria, esperó un año y medio para ser operada, mientras tanto enseñaba y ministraba. Sin embargo, en esta cirugía, Jesús decidió llevarse a Beatriz a casa. El 30 de marzo de 2022 fue un día en que el cielo se regocijó y le dio la bienvenida.

Ella deja un legado de muchas vidas profundamente impactadas por su valentía, su determinación y su relación tan cercana con Jesús. Enseñó y ministró a innumerables personas necesitadas poniendo las necesidades de sanidad de ellos por encima de las propias. Beatriz fue una intercesora confiable y sus oraciones impactaron muchas vidas. Fue mentora de muchas personas que aprendieron de sus sabios consejos y testimonio de una vida rendida a Jesús. Fue amada, respetada y honrada por muchos. Las personas cercanas a ella extrañan profundamente su presencia, su voz, su risa y su alegría contagiosa.

Finalmente, ella está libre de todo el dolor, la tristeza y el sufrimiento que soportó con tanta dignidad. Ella está con su amado Jesús.

"Querida Bea: Le doy gracias a Dios porque te encontré en el camino."

Beatriz Benestad
14 de diciembre de 1957 – 30 de marzo de 2022

Conocí a Beatriz en Inglaterra en abril de 2003, cuando ambas empezábamos el curso de Nets en Ellel Pierrepont. A partir de ese momento comenzó una amistad que marcaría mi vida para siempre.

La acompañé de regreso a mi Colombia natal, donde trabajamos juntas por más de 15 años sirviendo al Señor. Dios le había dado muchas palabras sobre la vida de Moisés, y a mí, me había dado muchas palabras sobre la vida de Josué. Entonces, se puede decir que, así como Josué aprendió ayudando y sirviendo a Moisés, yo aprendí ayudando y sirviendo a Beatriz.

Beatriz siempre puso a los demás primero. Era una mujer extremadamente generosa, sin importar si la gente quería aprovecharse de ella.

Dios la bendijo con un don especial de alegría. Se gozaba de la vida mientras disfrutaba de las pequeñas maravillas de la creación de Dios.

Para mí, ella era mi mamá espiritual. Siempre me cuidó, me guió, me enseñó, me corrigió y me defendió. Siempre decía que ella era la mamá gallina y que yo era su pollito más grande. Siempre fue cariñosa, generosa, amable, paciente y respetuosa conmigo y con quienes la rodeaban. Y siempre estaba feliz de verme, y sus ojos brillaban de alegría.

Preciosa Bea: el cielo se regocija con tu llegada. Gracias por todo lo que me enseñaste. Gracias por tus hermosos ojos azules llenos de luz y alegría, que brillaban aun cuando estabas en medio del más intenso dolor. Gracias por todas las aventuras que vivimos juntas en Colombia, porque nunca tuviste miedo de mi país lleno de violencia y peligros.

Cada vez que presentabas a Colombia en el exterior, me asombraba tu capacidad de comunicar toda la belleza de mi país, en medio de su difícil y dura realidad. Fuiste la mejor embajadora de las tierras colombianas, aunque tu corazón fue canario hasta el final.

Peleaste la buena batalla de la fe y venciste. Aunque me vas a hacer mucha falta, me alegra saber que estás en el cielo, libre de todo dolor y restricción física. Te imagino bailando, corriendo y riendo con Jesús.

Este es un hasta luego… Nos vemos en el cielo mi bella amiga.

Con amor en Yeshua,

Sandra Rincones

EL PERDÓN

Perdonar tiene 4 aspectos:
1. Pedirle perdón a Dios: tratar con el pecado propio
2. Perdonarse a uno mismo
3. Perdonar a los demás
4. Arreglar las cosas con Dios: si has sido injusto y has culpado a Dios por las cosas dolorosas y difíciles de la vida.

Para pedirle perdón a Dios
Debes darle la espalda a los resultados de haber sido herido y tratar con el pecado personal que ha tomado espacio en tu vida.

Padre Celestial, confieso que, como resultado de haber sido herido, he permitido que actitudes ... (por ejemplo: odio, amargura, ira, rechazo, condenación, pasividad, rebelión, autocondenación, etc.) se arraiguen en mi ser interior y tengan control en mi vida. Reconozco y confieso mi pecado en esta área, me arrepiento y me aparto de él. Te pido Jesús, que me perdones y me limpies de tales pensamientos y actitudes. En el nombre de Jesús. Amén.

Perdonarse a uno mismo
Gracias Padre porque me perdonas por Jesucristo, solo por gracia. Ya que me perdonas (por asuntos específicos que han sido confesados y tratados), ahora elijo perdonarme a mí mismo.

Elijo no acusarme o castigarme a mí mismo en pensamiento, palabra o acción, por las cosas que ahora me has perdonado. En el nombre de Jesús. Amén.

Perdonar a los demás

Gracias Jesús porque moriste por mí, para que yo pudiera ser perdonado. Por la determinación de mi voluntad, ahora elijo perdonar a aquellos que me han lastimado y causado dolor.
Elijo perdonar a .... (menciónelos por su nombre, en voz baja) por ... (sea específico).
Suelto a cada una de estas personas de mi vida y las libero en el nombre de Jesús a través de mi perdón. Amén.

En relación a Dios

Señor, perdóname por haberte culpado por el dolor y las heridas que he experimentado en la vida, que no viene de ti. No estuvo bien de mi parte culparte. Sé que Satanás es el que viene a matar, robar y destruir. Odias los planes y la obra de Satanás. Perdóname Señor, por acusarte de lo que otros me han hecho.
Gracias por enviar a Jesús a vencer el mal. Gracias, Jesús porque derrotaste el mal cuando moriste en la cruz y resucitaste de la tumba. Gracias por amarme y liberarme. Amén.

© Ellel Ministries Noruega

Próximas publicaciones en Español

Lazos del alma de David Cross

Las malas relaciones nos dañan. Nos dejan atados en un lugar de esclavitud del que Dios quiere liberarnos. Una forma de describir este dominio invisible que nos ata a las malas relaciones es un lazo del alma pecaminoso. Este lazo se da en el ámbito espiritual y ejerce control sobre el alma.

El libro explica cómo se crean los lazos del alma tanto buenos como malos. Explica cómo, con frecuencia, los lazos del alma nos afectan profundamente en nuestra vida diaria. Descubrirás cómo soltarte de los lazos del alma pecaminosos y, lo más importante, experimentarás la libertad y la sanidad de Dios.

Este libro hace parte de la serie "Verdad y Libertad" de Sovereign World basada en el reconocido programa de enseñanza de Ellel Ministries International.

El perdón es clave para restaurar nuestra relación con Dios y para sanarnos de las consecuencias de las relaciones humanas hirientes y dañinas.

Desde la Cruz, Jesús oró estas dramáticas palabras a Dios: "Padre, perdónalos, porque no saben lo que hacen". ¡Aprender a orar esta poderosa oración es el comienzo de la aventura de toda una vida con Dios! Este libro es uno de los más destacados y concisos disponibles sobre el tema del perdón.

HTTPS://US.STORE.ELLEL.ORG/

www.ingramcontent.com/pod-product-compliance
Lightning Source LLC
Chambersburg PA
CBHW062037290426
44109CB00026B/2652